GERESO
FORMATION | CONSEIL | ÉDITION

Le guide du Community Manager

Le guide du Community Manager

Boîte à outils et bonnes pratiques pour une communication digitale réussie

Auteur: Samuel BIELKA

Édition 2021, 6e tirage mai 2022

Direction de collection: Catherine FOURMOND
Suivi éditorial et conception graphique: GERESO Édition
Illustration: © zonadearte/gettyimages.fr

www.gereso.com/edition
e-mail: edition@gereso.fr
Tél. 02 43 23 03 53 - Fax 02 43 28 40 67

Dépôt légal: Janvier 2021
ISBN: 978-2-37890-444-9
EAN 13: 9782378904449

GERESO SAS au capital de 500 000 euros - RCS Le MANS B 311 975 577
Siège social: 38 rue de la Teillaie - CS 81826 - 72018 Le Mans Cedex 2 - France

GERESO
FORMATION I CONSEIL I ÉDITION

Les « Hors Collection » GERESO Édition :

- Aventure PME !
- Balance ton burn-out !
- Communiquer en situation de crise
- Inventer son futur professionnel
- Je lance ma start-up !
- Le grand livre des réseaux sociaux
- Les 69 règles du succès
- Les émotions : une autre intelligence
- Libérez-vous de votre smartphone !
- L'intelligence créative au travail
- L'odyssée de la transmission
- Ma petite voix et moi
- Manager la performance industrielle
- Mieux vendre en B to B
- Organiser et réussir vos événements
- Petit manuel des techniques tordues pour réussir en entreprise
- Prendre la parole sans stress
- Relancer l'innovation aujourd'hui… pour préparer demain
- S'ouvrir aux différences
- Stratégie digitale et psychologie des internautes
- Viens voir la vie autrement
- Vivons heureux même sous la pluie !

Sommaire

Avant-propos

On présente souvent les réseaux sociaux comme le nouvel eldorado de la communication : gratuits, faciles d'utilisation, ils permettraient de toucher des millions de personnes sans peine. Alors que le contexte économique difficile pousse à limiter les dépenses, en particulier publicitaires, de plus en plus d'entreprises se tournent logiquement vers les réseaux sociaux pour gagner en visibilité. Et beaucoup sont déçues, car le retour sur investissement n'est généralement pas à la hauteur.

L'explication est simple : bien communiquer sur les réseaux sociaux ne s'improvise pas. Il ne suffit pas de faire preuve d'enthousiasme et de bonne volonté pour réussir. Le community manager, qui gère la présence de l'entreprise sur les réseaux sociaux, doit maîtriser de nombreuses techniques pour obtenir des résultats. L'époque de l'amateurisme est révolue, le community management est désormais un véritable métier.

Mais la seule technique ne suffit pas, et il faut également avoir la bonne attitude, et donc en premier lieu insister sur des qualités humaines. Car sur les réseaux sociaux, tout est affaire de contacts entre humains.

La plupart des ouvrages se contentent de généralités qui sont des portes d'entrée dans ce nouvel univers. Mais en 2020, le métier de CM est désormais assez mature pour que l'on cherche à mettre au point un guide avancé.

Mais on se heurte alors à un problème pratique : ce métier reste en perpétuelle évolution. Facebook connaît presque chaque semaine des mises à jour, de nouveaux réseaux sociaux apparaissent et d'autres disparaissent... Bref, impossible de savoir à quoi ressembleront vos missions de demain. Face à ce bouillonnement un peu stressant, les ouvrages qui abordent les aspects techniques sont souvent périmés avant même leur sortie.

D'où l'idée de se concentrer plutôt sur des grandes qualités qui permettent d'obtenir durablement de meilleurs résultats dans la gestion de vos communautés. Je les ai appelées les sept vertus capitales du community manager.

Cela peut paraître prétentieux : mais qui est ce monsieur qui pense détenir les qualités ultimes du CM ? Bonjour les chevilles ! En réalité, je ne prétends pas réunir toutes ces qualités. J'ai simplement remarqué qu'elles sont essentielles dans notre métier, et ce fut un long travail d'observation.

Community manager professionnel, j'ai décidé de noter pendant un an mes impressions après chaque journée de travail : mes réussites, mais aussi mes échecs. De ce journal intime de community manager est né ce livre, dont le but est de partager avec vous mon expérience, de vous aider à éviter de faire les mêmes erreurs que moi et de vous aider à travailler les points vraiment importants.

Chapitre 1
L'humilité

« Humilité n'est honte que pour celui qui humilie. »

Edward Albee

Si vous communiquez sur les réseaux sociaux, vous savez que la réussite n'est pas toujours au rendez-vous. Votre message obtient peu de likes, votre Tweet passe inaperçu. Je ne compte plus le nombre de personnes qui me demandent comment avoir plus de fans sur sa page Facebook ! Au risque de vous décevoir, il n'y a pas de recette miracle, contrairement à ce que certains peuvent affirmer. Sur les réseaux sociaux, vous allez devoir faire preuve d'humilité, une qualité essentielle pour réussir.

Testez et apprenez de vos erreurs

Apprendre en faisant : telle pourrait être la devise du community manager. Les outils et les réseaux évoluent constamment et la seule façon d'apprendre est de les utiliser. À force de tâtonnements, vous allez vous améliorer, trouver les meilleurs usages. Il est bien entendu illusoire de vouloir tout prévoir, tout maîtriser. Impossible également de deviner avec exactitude les attentes de vos communautés.

De ce constat découle une première règle : vous devez tester, et surtout tirer les leçons de ces tests.

Le cross-testing

Cette approche pragmatique est possible en testant sur un réseau social afin d'en tirer les conséquences pour les autres réseaux sociaux sur lesquels vous êtes présent.

Lorsque vous hésitez entre deux messages à publier sur Facebook, vous pouvez utiliser la technique que j'appelle le *cross-testing*. Il s'agit tout simplement de tester les deux messages en question sur un autre réseau social – typiquement Twitter ou Instagram – pour observer les réactions des internautes et ainsi faire le bon choix.

Exemple

CM pour un magazine, j'hésite entre deux accroches pour mettre en avant un article sur sa page Facebook. Les deux me semblent prometteuses et potentiellement virales. Pour déterminer laquelle choisir, je poste sur Twitter un message avec la première approche, puis le lendemain un autre avec la deuxième. Je regarde les réactions et choisis celle qui a le mieux fonctionné. Vous pouvez ainsi tester les accroches, mais aussi les photos ou n'importe quel autre élément pour lequel vous hésitez.

Bien entendu, cette technique a d'importantes limites : les publics ne sont pas les mêmes sur Facebook et Twitter, le format des messages n'est jamais identique, et il faut du temps pour effectuer le test. Il s'agit simplement d'une aide pour davantage orienter votre prise de décision en fonction des goûts de votre communauté.

Pourquoi tester sur Twitter ou Instagram ? Car sur ces réseaux sociaux, le rythme de publication acceptable est bien plus soutenu que sur Facebook. Là où un rythme de 1 à 2 messages par jour est déjà dense sur Facebook, 5 à 10 messages est un rythme normal sur Twitter. Vous y publiez plus souvent, la durée de vie des messages y est plus courte, et vous y avez donc un certain droit à l'erreur. C'est beaucoup moins le cas sur Facebook.

Vous l'avez compris, un test n'a aucune valeur si on n'analyse pas ensuite les résultats. Heureusement, vous disposez de statistiques précises et nombreuses.

Analysez les statistiques

Étape 1 : préparer le message.

Étape 2 : publier le message.

Vient la 3e étape, souvent négligée faute de temps : l'analyse des résultats. Vous devez autant que possible étudier l'efficacité de votre message pour repérer ce qui fonctionne, le reproduire et modifier ce qui fonctionne mal.

Pas besoin de passer des heures dans les chiffres : le nombre de likes ou de retweet est un indicateur basique, mais qui permet en un coup d'œil d'évaluer la performance d'une publication. Vous aurez de toute façon rarement le temps d'analyser davantage.

Votre message fonctionne bien ? Essayez d'isoler les éléments explicatifs. Il peut s'agir du contenu, mais aussi du visuel choisi, de l'heure de publication, du sujet... Bref, ne vous fermez aucune porte, chaque élément qui peut expliquer une réussite est utile pour vos publications futures.

Votre message ne marche pas ? Essayez d'avoir un regard neuf et de prendre du recul. C'est ce que j'appelle reprendre à zéro.

Tout reprendre à zéro ?

Le métier de CM est frénétique : de nouvelles informations apparaissent en permanence, vous devez poster, répondre, surveiller, écouter, etc. À tel point que vous allez rapidement perdre tout recul sur votre travail.

Il est donc important de régulièrement reprendre tout à zéro. Non pas tout brûler pour reconstruire, mais simplement regarder vos pages et vos messages comme si vous étiez un nouveau visiteur.

La cover sur laquelle vous avez travaillé avec soin est-elle si bonne que cela ? Est-elle porteuse de sens pour quelqu'un qui vous découvre pour la première fois ? Et les infos essentielles figurent-elles bien dans votre bio Twitter ?

Exemple

J'avais repris la gestion d'un compte Twitter. C'était une aventure stimulante, avec de nouveaux messages à publier, de nouveaux twittos à contacter, des images à chercher, des outils de veille à mettre en place... Tout allait très vite et le travail ne manquait pas. Les semaines passèrent, puis les mois. Je n'avais même pas la hauteur de vue suffisante pour m'apercevoir que le nom même du compte Twitter n'était pas optimal ! Cela peut sembler très idiot, mais comme CM je réfléchissais plus aux messages quotidiens dont la durée de vie est de 4 heures qu'au nom du compte, pourtant la vitrine intemporelle ! Ne faites pas la même erreur que moi.

Cela vaut pour tous les petits détails qui semblent anodins : Vous avez rédigé la page « à propos » il y a un an et vous n'y avez plus touché depuis ? Retournez-y comme le ferait n'importe quel internaute. Des informations essentielles ont peut-être changé...

Relisez vos anciens messages : un contenu qui vous semblait clair ne l'est peut-être pas pour tous.

Et vos choix d'images, sont-ils vraiment adaptés ? Êtes-vous sûr qu'ils évoqueront ce que vous souhaitez réellement pour un internaute lambda ?

Une bonne façon de reprendre à zéro est de solliciter un avis extérieur. Des internautes neutres auront en effet une vision bien plus objective que la vôtre, altérée de façon inconsciente par votre manque de recul. De plus, il est généralement délicat de juger de façon impartiale votre propre travail...

Vous pouvez demander à des proches ce qu'ils pensent de vos messages, ou même directement à vos lecteurs. Cette pratique peut blesser l'ego, mais vous en tirerez des informations précieuses pour améliorer le contenu publié, et davantage cerner les attentes des internautes.

Vous l'avez compris, reprendre à zéro suppose de mettre votre ego de côté : vous avez forcément fait des erreurs, et il faut parfois accepter de changer de stratégie ou de pratiques. Et donc...

Ne vous entêtez pas

Si un type de message échoue plusieurs fois, ne reproduisez pas à nouveau votre erreur. Cela semblait une bonne idée sur le papier mais vos communautés sont vos seuls juges.

Un (très) mauvais réflexe consiste à dire : ma publication marche mal, la portée organique est faible, du coup je vais la booster en lui allouant un budget publicitaire. Il faut précisément faire l'inverse : vous devez booster les messages qui ont du succès, car cela signifie qu'ils intéressent vos cibles et donc qu'ils génèrent de l'engagement.

Laissez les mauvais messages mourir, sans regret (ils ne souffrent pas !) ni honte : vous ne réussirez pas à chaque fois. Faire un flop est le quotidien du CM. Avoir peur de l'échec est le meilleur moyen d'être inhibé et de passer à côté de bonnes idées. Un bon CM dédramatise l'erreur : seul celui qui ne fait rien ne commet pas d'erreurs.

Votre état d'esprit doit donc être résolument positif et tourné vers l'avenir : chaque flop est l'occasion d'apprendre gratuitement, de tirer les leçons de cet échec, et donc de vous améliorer.

Soyez vigilant : un message qui marche en apparence (nombreux retweets, belle portée organique) peut en réalité être un flop s'il ne parvient pas à atteindre les objectifs qu'on vous a fixés. À quoi servent des milliers de likes si cela n'aboutit même pas à une vente, alors qu'il s'agit précisément de la finalité de votre présence sur les réseaux ?

Votre action est au service d'une stratégie

L'approche du community manager professionnel est totalement différente de l'internaute qui utilise Facebook ou Twitter de façon personnelle. Ce dernier cherche à satisfaire son ego par des likes, ou informer ses proches, à s'affirmer en prenant position, etc.

Les objectifs du CM sont différents : vous pouvez être très heureux d'un message avec une pluie de likes, cela ne doit pas être une fin en soi.

Restez humble : ce n'est pas vous qui fixez l'objectif final. Il peut s'agir du service communication, ou plus souvent le service marketing, ou le patron de l'entreprise pour laquelle vous travaillez. Mais ce n'est pas vous.

Les objectifs sont multiples : notoriété, image, ou de façon plus prosaïque, augmenter le nombre de visiteurs sur le site Web, ou mieux des ventes. Le bon CM ne doit jamais perdre de vue les objectifs fixés lorsqu'il détermine sa stratégie éditoriale ou lorsqu'il écrit un message.

Exemple

Monsieur X gérait une page Facebook pour le compte d'une entreprise. Il était très content : le nombre de fans sur la page

Facebook augmentait rapidement, tout comme le nombre de followers sur Twitter. Tous les indicateurs étaient donc au vert. Pourtant, quelques mois plus tard, l'entreprise se séparait de lui. Pourquoi ? Il avait totalement perdu de vue les objectifs de l'entreprise qui étaient de... vendre ! L'activité intense sur les réseaux sociaux n'avait presque aucun impact ni sur le trafic du site Web, ni sur le volume des ventes. Les réseaux sociaux étaient une sorte de bac à sable très plaisant mais sans aucun intérêt économique.

L'action de Monsieur X n'a pas été inutile, loin de là : en créant rapidement des communautés dynamiques et fortes de nombreux membres, il avait créé un puissant outil de communication au service de cette entreprise. Outil repris par la suite, mais en changeant de stratégie afin de générer du trafic Web et des ventes. Simplement, le CM est souvent tenté de vivre en autarcie, dans son monde des communautés, en oubliant que les réseaux sociaux ne sont qu'un moyen au service d'objectifs qui le dépassent.

J'ajoute qu'un serpent de mer concerne les indicateurs de performance (KPI) pour les CM. Comment mesurer le retour sur investissement que constitue le community management ? S'il est délicat d'offrir des données chiffrées d'une précision d'orfèvre, ne perdez pas de vue que le système économique actuel n'est pas philanthropique et que vous allez devoir rendre des comptes. Et des likes pour des likes n'intéressent pas beaucoup de chefs d'entreprise avisés.

La difficulté du CM est qu'on lui demande souvent des résultats rapides, là où bâtir une communauté demande du temps. Il vous faudra beaucoup de persévérance pour réussir.

Persévérez !

Être humble, c'est aussi accepter que les résultats ne viennent pas du jour au lendemain. Créer une page Facebook ou commencer à y déployer son calendrier de publication n'est que le point de départ d'une longue, très longue aventure ! Vous allez gagner les likes les uns après les autres, et sauf événements exceptionnels, les nouveaux followers ne viendront pas en une journée.

Il faut donc être patient, continuer jour après jour à publier du contenu de qualité, ne pas tenter de prendre des raccourcis (achat de fans bidons ou publier des articles racoleurs en série). Ayez confiance en votre stratégie, elle est le fruit de votre réflexion, tenez-vous-y, et recommencez chaque jour pendant des mois, voire des années.

Je me souviens de cette page Facebook dont je m'occupais, et qui ne comptait que 400 fans au départ. Chaque semaine, une vingtaine de nouveaux internautes rejoignaient la communauté. Ce n'était guère spectaculaire, mais étant donné qu'ils étaient attirés par le contenu, l'afflux était régulier. Deux ans plus tard, la page compte désormais 3 700 fans, grâce à quelques périodes fastes. Je peux vous assurer qu'il n'est pas toujours évident de garder sa motivation lorsqu'après six mois la barre des 1 000 fans n'est toujours pas atteinte ! Sans parler des remarques des responsables, qui voulaient « plus de likes ». J'ai gardé mon calme, mon cap, et la page poursuit son petit bout de chemin et est désormais l'une des plus importantes dans son secteur. Facebook est devenu notre meilleur outil de communication après le site Web. Il aura fallu deux ans, pas deux semaines !

On parle sans cesse des buzz, de ces coups d'éclat qui mettent sur le devant de la scène une marque ou une page

Facebook, en seulement quelques jours. Il s'agit d'exceptions, ce n'est pas le quotidien du community manager, tout comme un braquage ne constitue pas le quotidien d'un policier !

Tester est donc la meilleure façon d'améliorer votre gestion des réseaux sociaux. Chaque communauté étant différente, c'est en étant à son contact que vous découvrirez ses secrets.

Chapitre 2
L'empathie

« C'est seulement dans l'effacement de soi, que l'on peut, par empathie, percevoir la réalité de l'autre. »

Jean-Pierre Otte

Pensez comme vos lecteurs

Le CM est totalement tourné vers les autres : il s'adresse à des lecteurs, dialogue avec eux, et sa mission sociale est sa raison d'être. Mettez vos goûts et votre ego de côté, et tournez-vous sincèrement vers vos lecteurs.

Mettez-vous dans les chaussures de vos lecteurs

Sur les réseaux sociaux, les internautes sont imprévisibles. Vos publications sont certes pensées pour les intéresser et donc générer le plus d'engagement possible, mais il est illusoire de vouloir anticiper leurs réactions.

Car sur les réseaux sociaux, vos messages sont vivants, et non figés. Ils vont en effet générer, dès leur publication, des réactions et des commentaires. Ce caractère profondément dynamique des messages constitue la principale différence entre les réseaux sociaux et les médias traditionnels. Vos lecteurs sont vos juges, et leur sentence est immédiate, et parfois cruelle.

Cas classique : sur le papier, votre message est parfait, avec une image percutante, un titre évocateur, un appel à l'action incisif. Et pourtant, peu de réactions. Car si vous animez une communauté, vous n'êtes pas cette communauté. Vos goûts et vos sensibilités ne sont peut-être pas en phase avec ceux de la majorité des internautes.

Comment résoudre ce problème ? La première piste est de se mettre totalement à la place de vos lecteurs. Il s'agit d'ailleurs du principe de base de la communication, et il est particulièrement vrai sur les réseaux sociaux.

Exemple

Je gère une page Facebook d'histoire. Pour illustrer mes messages, j'avais tendance à utiliser des peintures de la Renaissance, car je les adore. C'était pour moi naturel, je le faisais souvent, sans réfléchir. Un jour, faute d'avoir la bonne peinture pour illustrer mon message, je me suis rabattu sur un dessin d'un vieux manuel scolaire d'histoire. Le succès est alors immédiat, ce que je n'avais pas anticipé.

Que faut-il retenir de cet exemple ?

Mes goûts personnels n'étaient pas en phase avec ceux de ma communauté.

Il faut donc faire preuve d'empathie et de réel intérêt pour ses interlocuteurs.

On peut repérer ces tendances en s'inspirant d'autres pages Facebook sur son thème : ces manuels anciens sont très présents sur les blogs, sur Twitter et même sur Pinterest. Je pouvais donc le deviner assez facilement.

Ou mieux encore, en demandant directement l'avis de sa communauté (soit lors des discussions sur les réseaux sociaux, soit par un sondage).

Dernière précision : on ne peut connaître les goûts de sa communauté qu'en discutant avec elle et en l'analysant sans préjugés ni mépris. Cela vaut aussi pour le rythme de publication : CM, vous avez probablement l'habitude de voir défiler les Tweets de façon continue et cela vous semble naturel. Mais vos communautés ne sont pas constituées de professionnels, et il faut donc se demander quel est le meilleur rythme de publication lorsque l'on cherche à les atteindre efficacement.

Le rythme de publication

Il n'existe bien entendu pas de règle générale sur le rythme de publication.

Premier facteur à prendre en compte : votre secteur d'activité. Un internaute qui suit LeMonde.fr sur Twitter s'attend à recevoir beaucoup de messages, à chaque fois que l'actualité l'exige. Le secteur de l'information produit par nature un contenu abondant. Ce n'est pas le cas de la plupart des autres secteurs, et on voit mal comment un restaurant de quartier pourrait publier trois messages Facebook par jour.

Le deuxième facteur rejoint le premier : avez-vous un contenu important à mettre en avant sur les réseaux sociaux ? Si la réponse est non, alors gardez-vous de publier pour publier. Toute publication répond à un objectif, qui lui-même repose sur un contenu valorisable.

Le troisième facteur donne la clef : le bon rythme est celui que vos lecteurs demandent. Si vous publiez trop, vous vous en rendrez compte du fait des mauvais résultats. Demandez l'avis de votre communauté et faites preuve d'empathie.

Gardez à l'esprit que vos publications peuvent vous sembler passionnantes, elles ne le seront pas forcément pour vos lecteurs. Vous travaillez pour une marque et vous en parlez avec enthousiasme ? C'est très bien, mais l'internaute lambda ne souhaite probablement pas en entendre parler plusieurs fois par jour.

Tenir compte du rythme de vos lecteurs pose la question de l'agressivité : faut-il « bousculer » vos communautés en publiant beaucoup, un peu à la façon du commercial qui bloque la porte avec son pied ?

Être ou ne pas être agressif

Je souhaite ici ouvrir le débat sur une pratique évoquée par Guy Kawasaki dans son ouvrage coécrit avec Peg Fitzpatrick, *L'art des médias sociaux*, à propos de « l'utilisation hardie ». L'auteur propose de publier beaucoup, quitte à republier plusieurs fois la même chose, et imposer un rythme très élevé de publication. Il s'appuie sur les résultats de tests, qui prouvent que la portée de ses messages est bien supérieure de cette manière. Il admet que cela peut agacer, mais que cela est nécessaire et même plutôt bon signe.

Étant un garçon bien élevé, attentif aux unsubscribes, je suis par réflexe très réservé vis-à-vis de cette méthode, même si j'admets volontiers que ses chiffres sont convaincants.

Voici mes réflexions :

- Un même message peut effectivement être publié plusieurs fois, en particulier sur Twitter car la durée de vie est moindre et le support s'y prête davantage.
- Sur Facebook, le risque de déplaire en publiant plusieurs fois le même message me paraît plus élevé, avec un risque réel d'unlikes.
- En termes d'image, vous pouvez passer pour un spammeur, ce qui est généralement l'inverse du résultat souhaité.

Comment concilier les avantages de la méthode agressive sans trop en subir les inconvénients ?

Reformuler les messages : un bon contenu peut en effet être utilisé à de nombreuses reprises, mais il faut introduire une variation sur la forme. C'est une façon astucieuse de toucher différentes cibles, en modifiant la tonalité.

Espacer les reposts : j'admets qu'un même message puisse revenir de façon cyclique sur Twitter, mais pas à trois heures d'intervalle.

Ne republier que les meilleurs messages. Lire une fois un message médiocre n'est pas une bonne expérience, alors cinq fois...

Exemple

Community manager d'un magazine, je n'avais pas assez de contenu pour nourrir quotidiennement le compte Twitter de messages originaux. Du coup, je publiais en moyenne quatre Tweets pour chaque article. Mais plutôt que de faire un bête copier-coller, je reformulais mon Tweet afin de toucher des sensibilités différentes : une citation, une formule interrogative, une affirmation politique (tantôt de droite, tantôt de gauche), avec des hashtags variés, etc. Je publiais les messages avec quelques jours d'intervalle. Et cela fonctionnait bien. J'avais beaucoup de messages à publier, ce qui pour un CM est un premier soulagement. Et je parvenais à capter des publics larges. J'y vois la façon la plus raisonnable d'utiliser la publication agressive pour un compte d'entreprise.

La question du rythme de publication est surtout liée au volume de contenu à votre disposition. Mais la qualité des publications n'est pas toujours la seule explication.

Le problème ne vient pas forcément du contenu

Si vous travaillez pour un client sérieux, le contenu à valoriser sur les réseaux sociaux sera souvent de qualité. Bon, il est vrai que ce n'est pas toujours le cas, et un tri est toujours nécessaire. Mais lorsqu'un de vos messages sur les réseaux sociaux fonctionne mal, demandez-vous sans aucun a priori pourquoi. Et bien souvent ce n'est pas le contenu qui est en cause.

C'est parfois l'heure de publication. Un bon départ consiste à regarder dans vos analytics l'heure à laquelle vos fans/followers sont le plus souvent connectés, et privilégiez ces horaires. Mais en réalité, vous devriez identifier les moments durant lesquels vos messages marchent le mieux, car cela n'est pas forcément synonyme. Prenons le cas de Twitter : il n'est pas idiot de publier lorsque l'activité générale est moindre, afin de permettre à vos Tweets d'être moins concurrencés par d'autres.

Ceux qui vous vendent des règles générales sont des menteurs. Testez différents horaires. Analysez les résultats. Choisissez les meilleurs créneaux.

Exemple

Je travaillais pour un magazine chrétien et mon prédécesseur ne publiait plus sur les réseaux sociaux les textes bibliques. En effet, ils étaient peu lus, peu partagés, car il s'agissait d'un contenu de niche qui n'intéressait pas forcément un large public. J'ai essayé un jour de les publier le dimanche en début de matinée, jour de la messe. Les internautes, dans un état d'esprit différent, ont répondu présents. Ces messages fonctionnent maintenant plutôt mieux que la moyenne.

Le succès d'un message dépend donc du contenu, mais aussi d'autres éléments : l'horaire, la photo… Le CM est un orfèvre ! Technicien des réseaux sociaux, il en oublie parfois qu'il s'adresse à des utilisateurs « amateurs ».

Vos lecteurs ne sont pas CM

Ce qui vous paraît évident ne l'est pas forcément pour vos lecteurs. Par exemple, vous avez l'habitude de raccourcir vos URL avec un outil, disons bit.ly. C'est un excellent réflexe, car cela vous permet également de suivre avec précision le nombre de clics sur les liens.

Mais vos lecteurs seront peut-être surpris de voir des liens sous forme bit.ly/djflskdjflsj. Certains y verront un lien dangereux pour la sécurité, d'autres seront rebutés par son aspect.

Pensez donc à systématiquement les customiser, pour que vos liens prennent la forme bit.ly/sujetdulien. D'une part, c'est plus rassurant, et d'autre part le lien présente en lui-même un avant-goût du contenu. Vous levez ainsi deux freins majeurs : la peur (est-ce que ce lien bizarre est vraiment sûr ?) et l'ego (ce lien est-il vraiment fait pour moi ?).

Ce raisonnement doit s'appliquer à l'ensemble de vos actions quotidiennes. Pensez en termes d'ergonomie et d'expérience utilisateur. Gardez à l'esprit que vous vous adressez à des êtres humains.

L'humain, au cœur du community management

Longtemps, le marketing et la communication s'adressaient à des cibles abstraites, classées dans des tableaux statistiques en fonction de critères chiffrés. Cette approche n'est pas totalement obsolète, mais correspond mal à la pratique du community management. En effet la gestion des communautés sur les réseaux sociaux est d'abord un travail humain.

La conversation, moteur des réseaux sociaux

Les entreprises et les institutions communiquaient de façon désincarnée et impersonnelle. La marque avait une vie propre, en dehors de ceux qui chaque jour travaillent pour elle.

Cette époque est terminée avec la fin de l'entreprise toute-puissante et son corollaire, la communication top-down.

Cette dernière a vécu, car désormais les consommateurs sont méfiants vis-à-vis des discours publicitaires ou institutionnels. En parallèle, les réseaux sociaux ont brisé le monopole de la parole détenu par les grandes entreprises, et désormais tout le monde peut donner son avis. Ainsi, les likes ont révolutionné le monde du marketing et de la communication, et vous devez bien comprendre cette évolution avant de prendre la parole sur les réseaux sociaux.

Le top-down a cédé sa place à un nouveau paradigme, appelé « démarche conversationnelle ». Sur les réseaux sociaux, vos lecteurs forment une communauté, soudée par des intérêts en commun. Ils discutent et partagent des informations, et ils peuvent parler de vous sans même vous demander votre avis ! Les internautes ne subissent plus vos messages, mais ils y réagissent, parlant d'égal à égal avec votre entreprise.

De plus, personne ne va sur les réseaux sociaux pour voir de la publicité. Posez-vous cette question : pourquoi vous connectez-vous à Facebook ou à Twitter ? Pour avoir des nouvelles de vos amis, pour suivre l'actualité, pour découvrir un bon plan... Les raisons sont multiples. Mais jamais un internaute ne consulte Facebook pour lire des messages commerciaux.

Vous devez prendre acte de cette métamorphose, qui affecte en profondeur la façon dont il faut désormais prendre la parole. Il devient illusoire de diffuser en permanence des messages qui vantent les qualités de vos produits ou de vos services, car ils n'intéresseraient personne. Cela se traduira par une absence de likes, et donc votre publication ne sera pas diffusée à grande échelle. Pire, les internautes pourraient décider de ne plus suivre votre page. L'ère conversationnelle est impitoyable pour ceux qui ne s'y sont pas adaptés.

Face à ce constat, le premier conseil adressé aux community managers était de publier des messages commerciaux seulement 20 % du temps, les 80 % restants étant des messages sans objectif marketing direct. Il pouvait s'agir d'informations, d'images divertissantes, de liens vers un article. Mais je crois que désormais cette solution n'est plus la bonne. En effet, les algorithmes se penchent sur chacun de vos messages au cas par cas : ainsi, même si vos messages non commerciaux obtiennent de bons résultats, les autres feront un flop retentissant.

Il devient donc nécessaire de trouver une autre solution. Je pense qu'elle se trouve dans le marketing indirect : vos messages ne doivent jamais être perçus comme commerciaux, ils doivent fondamentalement apporter du divertissement ou de l'utilité aux lecteurs. Mais indirectement, ils auront pour but d'obtenir des résultats commerciaux, sans que cela soit visible.

Pour cela, vos comptes sociaux doivent se transformer : de simple vitrine de votre activité, ils deviennent des lieux pour accueillir des communautés, regroupées autour d'un centre d'intérêt commun, une passion sans dimension commerciale. De ce fait, vous devrez élargir votre territoire, dépasser votre seule offre marketing, et publier des messages non pas sur ce que vous vendez, mais sur ce qui intéresse vos lecteurs.

Prenons l'exemple d'une chaîne de magasins d'équipements sportifs. La stratégie classique consisterait à diffuser sur les réseaux sociaux les différents produits que l'on peut trouver en boutique, les nouveaux arrivages, ou encore les adresses et horaires des magasins. Pourtant, cette ligne éditoriale aura peu de chance d'obtenir le moindre résultat, car le contenu diffusé n'intéressera pas les internautes. En effet, les lecteurs souhaitent se divertir, ou encore obtenir des conseils pratiques dans leur quotidien.

Dès lors, quelle est la bonne approche pour séduire les internautes ?

Cette entreprise devra publier du contenu qui répond aux besoins des internautes, qui leur apporte une réelle valeur : l'objectif de vente viendra dans un second temps. Une bonne idée consiste par exemple à publier un message pour aider les parents à choisir un sport pour leurs enfants au moment de la rentrée. Ainsi, l'entreprise prend véritablement en compte les besoins des internautes, un besoin primaire, car avant de choisir son équipement et de l'acheter, encore faut-il savoir quel sport pratiquer.

Bien entendu, le message aidant l'internaute à choisir son sport renverra sur un article de blog publié sur le site internet du magasin. En aidant l'internaute, en lui apportant des solutions et en prenant en compte ses attentes, l'entreprise utilise les réseaux sociaux pour faire entrer ses prospects dans le tunnel de vente. En effet, après avoir lu l'article et choisi son sport, l'internaute sera orienté vers les équipements nécessaires… dans la boutique en ligne ! À ces retombées commerciales s'ajoutent l'amélioration de l'image de l'entreprise, ainsi que la notoriété car de nombreux internautes vont partager ce message à des amis jeunes parents. En faisant passer le message publicitaire au second plan, vous pouvez ainsi transformer vos lecteurs en VRP bénévoles.

Ce qui est remarquable, c'est que ce processus est doux. Tout part d'un message sans aucune dimension commerciale. Au contraire, l'entreprise offre une aide désintéressée et du contenu de qualité. Cette approche en apparence altruiste est la raison pour laquelle l'internaute accepte bien volontiers d'entrer dans le tunnel de vente, alors même qu'il aurait été rebuté par un message vantant la qualité de ses protège-tibias...

J'insiste sur la réflexion de base qui a rendu cela possible : la chaîne de magasins ne s'est pas considérée seulement comme un vendeur. Elle a déterminé ce qui, dans son secteur, pouvait plaire aux internautes : la bonne façon de pratiquer du sport. Il lui a donc fallu élargir son territoire, au-delà de ce qu'elle est à l'origine. Cet effort n'est pas vraiment naturel pour de nombreuses entreprises, qui manquent de recul et pensent être le centre de l'univers. Ne faites pas cette erreur, car personne ne s'intéresse à votre entreprise. Cette vérité difficile à entendre nécessite une prise de conscience parfois brutale, mais indispensable.

En conclusion, abandonnez la posture classique des entreprises toutes-puissantes, et adoptez une approche centrée sur les besoins de vos lecteurs, qui sont des êtres humains. Réfléchissez à la façon dont vous pourriez transformer votre marque en communauté, en identifiant dans votre activité les thématiques séduisantes pour les internautes. Ainsi, ils formeront progressivement une communauté engagée autour d'un intérêt non commercial, ce qui vous permettra ensuite de les toucher par une stratégie de marketing indirecte.

Exemple

Comment un vendeur de chocolat peut-il élargir son territoire ?

Plutôt que de faire de la publicité frontalement, il peut proposer sur ses réseaux sociaux des recettes à base de chocolat.

La recette détaillée, éventuellement expliquée en vidéo, se trouve sur son site internet. Parmi les ingrédients peut figurer un chocolat spécifique de sa gamme, du fait de ses qualités gustatives (« Nous vous recommandons un chocolat avec une forte amertume, comme notre chocolat XXX, car cela va équilibrer les saveurs sucrées des pommes. »).

Ainsi, ce vendeur de chocolat apportera du contenu très apprécié et recherché (des recettes), tout en faisant indirectement du marketing. Si les recettes sont bonnes, elles seront partagées par les internautes, qui feront de la publicité pour lui.

Une relation entre êtres humains

Les internautes d'aujourd'hui souhaitent s'adresser à de vraies personnes, des humains en chair et en os. Voici quelques conséquences :

Sur les réseaux sociaux, la tendance est à la personnalisation du community manager : ce dernier signe de nombreux messages avec son nom, afin que l'internaute se sente écouté par un interlocuteur réel. C'est le premier ambassadeur de l'entreprise et un interlocuteur amical.

Les messages adressés aux lecteurs sont personnalisés, et non standardisés : dans la « vraie vie » on ne s'adresse pas de la même façon à des interlocuteurs différents (registre familier, courant, soutenu, etc.), il en va de même sur les réseaux sociaux.

L'utilisation d'outils pour automatiser certaines tâches ne doit pas faire du community manager un robot. La technique est au service de l'humain, et non l'inverse : ne pensez pas résoudre d'un coup de baguette magique vos problèmes de communication grâce à des outils. Ces derniers vous simplifieront la vie, par exemple pour programmer des messages ou recueillir des données sur vos lecteurs, mais n'en attendez pas davantage.

Une approche humaine signifie qu'il faut s'intéresser à son interlocuteur, mentionner son prénom dans le message, et si possible mentionner un élément unique (anniversaire par exemple).

Il en découle des relations bien plus cordiales entre le community manager et la communauté. Cela favorise l'émergence d'un état d'esprit positif et constructif.

Redonner leur place aux émotions

La plupart des institutions ont un discours froid, distant et technocratique. Cette façade trop sérieuse semble faire partie de leur ADN. Tout discours chaleureux est perçu comme une preuve de faiblesse.

Désormais, les internautes apprécient lorsqu'on leur montre la dimension humaine d'un projet.

Il ne faut pas hésiter à montrer l'envers du décor, par exemple la préparation d'un événement et sa mise en place. Le résultat final n'en est que plus apprécié.

Les employés doivent être mis en avant : la valeur d'une entreprise se mesure à ses salariés, que l'on peut voir en photo sur les réseaux sociaux.

Les messages ne doivent pas être froids, mais contenir des émotions : enthousiasme pour un projet, déception en cas de coup dur (à intégrer dans le storytelling), remerciements chaleureux, impatience, etc.

Les réseaux sociaux ont été créés pour des êtres humains, et non des entreprises ou des institutions. Or, les êtres humains agissent par la raison, mais aussi par l'émotion, qui peut être négative ou positive. De ce fait, les messages purement factuels ou informatifs n'ont plus leur place sur les réseaux sociaux.

Pourquoi les internautes vont-ils cliquer, commenter ou partager ? Généralement car vous avez réussi à provoquer une émotion, qui est le principal levier d'action des internautes. Car même si vous publiez un message très utile, qui apporte une grande valeur ajoutée au lecteur, cela ne sera pas suffisant pour susciter de l'engagement. L'internaute risque de consommer l'information, sans liker, sans partager, sans commenter. Or, l'absence d'interaction est votre pire ennemie, car la portée de votre message sera très réduite.

La règle traditionnelle, que l'on retrouve dans de nombreux livres, est : « publiez du contenu de qualité ». Ce conseil n'est plus suffisant. Vous devez désormais diffuser des messages capables d'émouvoir, d'une façon ou d'une autre, les internautes.

Avant de publier un message, demandez-vous quelle émotion vous souhaitez provoquer. Les émotions de base sont bien connues : la joie, la tristesse, la peur, la colère, le dégoût, la surprise. Je suis persuadé que n'importe quel sujet peut être associé à l'une de ces émotions fondamentales.

Si cela est possible, privilégiez les sentiments positifs, qui sont bien plus inspirants pour l'internaute, et qui permettront de renvoyer une image constructive pour vos lecteurs. En effet, un état d'esprit positif prédispose mieux à l'action, par exemple au partage ou au like.

Notez que d'autres émotions, dites secondaires, existent : l'amusement, le soulagement, la fierté, l'excitation, ou encore la nostalgie. Elles sont autant de leviers mobilisables pour faire vibrer votre lectorat.

Reste à savoir comment transmettre ces émotions dans vos messages. Sur le fond, choisissez des thématiques porteuses, et qui contiennent une dimension affective. Mais même pour aborder des sujets *a priori* froids et sans saveur, il est possible d'apporter une touche d'émotion.

Par exemple, vous souhaitez annoncer les dates et le lieu d'un événement. Plutôt que de simplement diffuser ces détails pratiques et insipides, choisissez un angle piquant en piochant dans les émotions à votre disposition :

- La nostalgie : rappelez les temps forts de la dernière édition, demandez aux lecteurs leur meilleur souvenir et ce qu'ils attendent cette année.
- La surprise : mettez en avant une nouveauté.
- La fierté : réussir à organiser un événement peut être une source de fierté, par exemple si vous avez fait face à des obstacles importants (en termes de financement, pour trouver une salle...). Ainsi, vous racontez une histoire à vos

lecteurs, et toute bonne histoire contient des moments difficiles mais aussi des victoires, qui génèrent une fierté bien légitime.
- L'excitation : présentez les dates sous forme d'un compte à rebours (J-30 !) et soyez démonstratif en rappelant les animations à venir.

Pensez toujours à associer directement vos lecteurs, afin de faciliter la transmission de ces émotions. La fierté d'organiser l'événement doit aussi être celle des participants : « Nous sommes heureux de vous annoncer que notre colloque se tiendra de nouveau cette année, grâce à votre soutien ! Vous avez été nombreux à participer l'an passé et à nous encourager, vous pouvez être fiers de cette réussite collective ! »

Ce conseil est essentiel, car de nombreuses pages Facebook font l'erreur de ne parler qu'à elles-mêmes. Or, votre raison d'être sur les réseaux sociaux est au contraire communautaire. Abandonnez votre point de vue, et adoptez celui des internautes, avec qui vous devez chercher à ne former plus qu'un.

Prenons le cas de l'excitation : vous êtes sans doute enthousiaste à l'idée d'organiser votre événement. Néanmoins, pensez d'abord à l'excitation des futurs participants, plutôt qu'à la vôtre : « Rendez-vous en mai pour notre colloque ! Nous avons hâte, et vous ? Qu'attendez-vous de cette deuxième édition ? Dites-le-nous dans les commentaires ! »

Sur la forme, il n'est pas toujours simple de transmettre vos émotions. En effet, les réseaux sociaux passent beaucoup par l'écrit, ce qui vous prive des éléments de communication non verbale essentiels pour faire passer ses sentiments.

Il est donc indispensable d'accompagner votre texte d'éléments visuels, que ce soit une photo, des emojis, ou même une vidéo. Ils doivent appuyer le message, et faciliter la transmission de l'émotion. De plus, il est nécessaire de soigner la rédaction du texte, en adoptant une tonalité moins formelle que pour d'autres supports de communication : sur les réseaux sociaux, vous ne diffusez pas des communiqués de presse officiels ! Votre enthousiasme doit être communicatif, avec des formules simples, sincères et appuyées par la ponctuation (points d'exclamation, de suspension...).

En conclusion, retenez cette règle fondamentale : à chaque message doit correspondre une émotion.

Un bon community manager est obligatoirement enthousiaste, il porte les projets et les messages de l'entreprise et doit les faire vivre de façon vibrante.

Abandonner la toute-puissance de l'entreprise

Dans la vie de tous les jours, lorsqu'une personne se trompe, elle s'excuse. C'est un réflexe étranger à la plupart des entreprises qui pensent que reconnaître ses erreurs est une preuve de faiblesse inacceptable. Cela entraîne une mauvaise foi qui ulcère les internautes.

Vous avez livré en retard ? Votre site Web est indisponible ? Il n'y a rien de honteux à s'excuser sur les réseaux sociaux. Vous ne perdrez pas la face, bien au contraire. Ce qui irrite par-dessus tout les internautes, ce sont les mensonges. C'est l'image de votre entreprise qui est en jeu.

S'excuser ne signifie pas s'humilier : reconnaître le problème est une façon de le dédramatiser et de mettre en avant vos efforts pour le régler. L'humour (avec modération) est aussi une façon de faire baisser la pression.

Tout l'enjeu est de transformer les internautes mécontents en interlocuteurs, voire en clients satisfaits. En montrant vos efforts pour leur offrir un service de qualité, vous améliorez votre image.

Mieux, une critique est une réelle opportunité de nouer le dialogue. Les internautes qui critiquent sont des êtres humains, pas des monstres ! Il est possible de restaurer le dialogue et donc de renforcer les liens avec les membres de la communauté.

Conclusion du chapitre : un bon community manager doit aimer les gens, s'intéresser à eux et faire preuve d'empathie. C'est un message difficile à faire passer dans une époque un peu cynique, et dans lequel on est vite qualifié de Bisounours, mais c'est pourtant la clef de voûte de ce métier. Cette qualité est d'autant plus importante qu'elle est rare.

Chapitre 3
La sociabilité

> *« On dit que l'homme est un animal sociable. Sur ce pied-là, il me paraît que le Français est plus homme qu'un autre, c'est l'homme par excellence ; car il semble fait uniquement pour la société. »*
>
> ***Montesquieu,* Lettres Persanes *(1721)***

Les réseaux sur lesquels vous travaillez sont par définition « sociaux ». Cela implique des réactions et des interactions qui font de vous un animal social par nature. Alors osez la sociabilité et sortez de votre bulle !

L'engagement, clef de la réussite

Contrairement à ce que l'on pourrait penser, il ne suffit pas de publier des messages sur les réseaux sociaux pour que vos fans ou vos followers les voient. En effet, face à la quantité astronomique de publications mises en ligne chaque jour, les algorithmes font le tri et décident si votre message s'affichera ou non sur l'écran des internautes. Le critère principal est la popularité du message : s'il recueille de nombreux likes, partages ou commentaires, alors le réseau social considérera qu'il s'agit d'un bon message, à diffuser au maximum.

Vos lecteurs jugent vos messages : s'ils ne plaisent pas, personne ne les verra ! Les réseaux sociaux ressemblent donc à un tribunal populaire permanent, qui ne laisse pas le droit à l'erreur. En effet, faites des messages de mauvaise qualité et peu engageants et le fiasco sera immédiat.

Ce mode de fonctionnement rend totalement inutile la course aux likes. En effet, mieux vaut avoir 1 000 fans très engagés que 10 000 qui ne réagissent jamais à vos messages. Votre stratégie doit être résolument qualitative, et non quantitative : adressez-vous à vos cibles, et non au plus large public possible. En voulant parler à tout le monde, vous ne parlerez à personne, et vous n'atteindrez pas vos objectifs commerciaux.

Ne cherchez pas non plus à compenser la faible portée de vos messages en publiant davantage. Au contraire, publiez moins, mais en privilégiant la qualité, et l'engagement remontera rapidement. Pour réussir, vous devez en effet publier de bons messages, qui sortent du lot, et surtout qui apportent une réelle valeur aux internautes. Pour cela, ils peuvent divertir, aider, présenter une offre exclusive ou promotionnelle, émouvoir...

Proposer des contenus qualitatifs n'est pas toujours facile. Cela demande du temps, de la réflexion, du travail et de l'imagination. Il faut y voir une opportunité, vous obligeant à déployer une communication soignée, adaptée à vos cibles et en adéquation avec leurs besoins. Si le jugement populaire est parfois brutal, il a le mérite de vous indiquer immédiatement si vos messages sont pertinents ou non, là ou une publicité peut être diffusée à la télévision sans qu'il soit possible de savoir si elle est efficace.

Posez des questions

L'objectif est donc d'obtenir le plus de commentaires possible, afin d'augmenter la portée de votre message. Pour ce faire, n'hésitez pas à poser une question dans votre message : le point d'interrogation est un appel à l'échange, une incitation à donner son avis, et donc à commenter.

En vous mettant à la place de vos lecteurs, vous découvrirez que presque tous les sujets peuvent faire l'objet d'une question.

Vous annoncez une rencontre sportive ? Pensez à demander aux lecteurs leur pronostic.

Vous relayez un article de blog qui présente une chaise de bureau ? Demandez qui l'a déjà testée, ou s'ils ont une chaise à recommander.

Vous partagez une recette de cuisine ? Vos lecteurs ont peut-être des suggestions, encore faut-il leur donner l'occasion de s'exprimer.

Attention aux questions tirées par les cheveux ! Si, au bout de quelques minutes de réflexion, aucune question logique ne vous semble découler de votre message, alors c'est sans doute qu'il faut vous abstenir. Si la question favorise l'engagement, la question illogique ou tirée par les cheveux peut semer la confusion chez vos lecteurs.

En résumé, un bon message est toujours un message ouvert, qui n'est que le point de départ à des commentaires. Voyez dans vos publications des êtres vivants, qui ont vocation à grandir. Lorsque vous cliquez sur le bouton « publier », rappelez-vous qu'il ne s'agit que de leur naissance, avec l'espoir qu'ils vivent de belles aventures. Cette façon de voir les choses est à l'opposé du message fermé, qui assène une vérité et ne donne pas la chance à vos lecteurs de réagir.

Répondez

Pour obtenir de bons résultats sur vos pages Facebook et vos comptes Twitter, vous devez systématiquement répondre aux commentaires. Descendez de votre tour d'ivoire, la raison même de votre présence sur les réseaux sociaux est la discussion – sinon on ne parlerait pas de réseaux sociaux ! Les internautes y viennent pour échanger et discuter. Si vous jouez le jeu, ils seront forcément ravis, et commenteront à nouveau.

Cela requiert une qualité pas toujours évidente : aimer sa communauté. Car si vous la trouvez stupide, vous n'aurez guère envie d'entretenir avec elle des échanges quotidiens ! Aucune communauté n'est parfaite, mais la première qualité du community manager est d'être un animal social 2.0.

Une bonne réponse contient deux éléments :

- Un ton amical mais respectueux, chaleureux et si possible complice.

- Un contenu intéressant : sur ma communauté d'histoire, j'essaie dans les réponses d'apporter une autre information, un lien vers un article, une image en lien avec le thème de la discussion.

Une réponse clefs en main et impersonnelle vaut mieux que pas de réponse du tout, mais elle est à éviter !

Parlez

Le métier de CM est d'abord littéraire, puisqu'il s'agit au quotidien d'écrire de nombreux messages. Mais la tonalité d'un message dépend fondamentalement de son support. Une lettre administrative n'aura pas le même style qu'un SMS, c'est évident. Et sur les réseaux sociaux, quel ton adopter ?

Première règle : la tonalité est toujours plus décontractée sur Internet. Cela ne signifie pas familière ou vulgaire. Les réseaux sociaux sont perçus comme des espaces récréatifs et conviviaux, votre registre de langage doit en tenir compte.

Deuxième règle : adaptez-vous à vos interlocuteurs. Vous n'allez pas vous exprimer de la même façon face à une communauté de jeux vidéo pour les 15-18 qu'avec des clients âgés d'un secteur traditionnel. Le mimétisme est souvent la meilleure façon de résoudre cette difficulté : observez comment les membres de votre communauté s'expriment, et calez-vous sur eux.

Exemple

Sur la page Facebook du magazine, je m'adresse à des personnes généralement âgées de plus de 40 ans sur des sujets sérieux. Le vouvoiement est de rigueur, car il est gage de sérieux.

Pas question pour autant de terminer mes réponses par « bien cordialement » ! Les internautes vont sur Facebook pour se détendre, pas pour prolonger leur journée de travail.

Troisième règle : la spontanéité est très appréciée sur les réseaux sociaux. Vos textes doivent contenir une certaine fraîcheur, loin des grands discours convenus de la communication classique (en particulier politique ou institutionnelle). Pour autant, votre spontanéité doit être... calculée ! C'est très paradoxal, mais vous devez écrire des messages avec une tonalité rafraîchissante et décontractée, tout en travaillant méticuleusement le contenu. Faites passer sans chichi mais avec une grande précision le message exact de votre entreprise.

Écoutez

Être community manager, c'est douter en permanence : ne partez pas du principe que vos publications sont formidables et que votre ligne éditoriale est géniale. Vos lecteurs pourraient bien penser le contraire !

Pour éviter cet écueil, restez à l'écoute des internautes. Qu'ont-ils pensé de votre dernier message ? Proposent-ils des sujets, des améliorations, des changements ? Sur les réseaux sociaux, un bon contenu est cocréé, puisque si vous donnez le tempo, ce sont les internautes qui vont vous dire si c'est le bon.

Il existe plusieurs façons d'obtenir ce feed-back :

- Par des échanges dans les commentaires Facebook, par des réponses Twitter.
- Vous pouvez aussi régulièrement demander explicitement l'avis à votre communauté.

Si vous sentez que votre page ne décolle pas, sans pour autant identifier clairement la cause de cet échec, vous pouvez créer un sondage sur l'une des nombreuses plateformes en ligne qui existent. Posez quelques questions simples, demandez aux lecteurs de noter de 1 à 5 la fréquence de publication, les sujets abordés, etc. Vous obtiendrez des éléments très précieux pour ajuster votre façon de travailler.

Cette façon d'aborder les choses demande une bonne dose d'autodérision. Vous devez accepter de vous remettre en cause et de mettre en application les recommandations de votre communauté. Alors on oublie l'ego mal placé et on accepte de se tourner vers les autres, l'isolement étant votre pire ennemi !

Brisez l'isolement

Votre employeur ou client est clair : les réseaux sociaux doivent servir à votre entreprise. C'est bien légitime. Il faut générer du trafic Web vers son site, et déclencher le tunnel de vente. Bien.

Mais il est utopique, sur des réseaux sociaux, de ne parler que de vous et de tourner le dos au reste du monde. Votre seule puissance de communication ne suffira sans doute pas à atteindre l'ensemble de vos cibles. Alors soyez modeste et acceptez de jouer le jeu de l'interdépendance. Identifiez des partenaires (non concurrents), partagez leurs messages, retweetez, commentez, citez. Bref, faites-vous voir et montrez que vous existez. Ces partages seront évidemment bien perçus et devraient permettre d'engager une relation gagnante-gagnante, qui peut, si besoin, être formalisée ou discutée par échange de mails ou par message privé.

Rappelez-vous que sur les réseaux sociaux, ce sont les autres qui parlent le plus et le mieux de vous. Alors nouez le contact avec les différents acteurs de votre secteur.

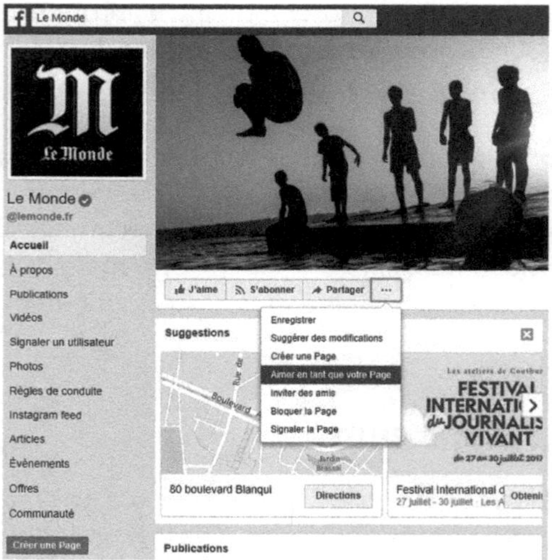

Exemple

Pour faire connaître ma page Facebook d'histoire, j'ai « aimé comme page » les pages de nombreuses communautés d'histoire. J'y participe régulièrement, non pas avec mon compte Facebook personnel, mais au nom de ma page (cf. illustration). Participer aux échanges permet d'augmenter votre notoriété, et vous pouvez faire de même sur Twitter, en particulier avec des comptes à forte visibilité : en répondant à leurs Tweets, leur popularité rejaillira sur vous.

Informez les différents acteurs

L'information est tellement abondante sur les réseaux sociaux que même en utilisant les hashtags certains de vos messages peuvent passer inaperçus auprès d'acteurs pourtant susceptibles d'être intéressés. Toutes les entreprises ou acteurs institutionnels ne disposent pas d'un CM ! Pour éviter que cela se produise, n'hésitez pas à les en informer directement en les mentionnant dans vos messages.

Exemple

Dans le cadre de mon travail pour la Fédération française des échecs, je publiais souvent des messages relatifs à des événements dans une ville. Car oui, même à l'heure d'internet, un club d'échecs a un local physique, et un tournoi se déroule dans un lieu en dur ! Du coup, j'essayais dans mes Tweets de taguer les différents acteurs potentiellement intéressés par le message : les villes, les agglomérations, les élus (si possible le maire ou l'adjoint au sport), les médias locaux, etc. Idem sur Facebook avec l'identification.

Demandez-vous qui pourrait retweeter votre message, qui pourrait y être sensible, en résumé qui se doit de lire votre message. J'avais petit à petit constitué une énorme liste de comptes Twitter classés géographiquement, liste que je réutilisais dès que l'occasion se présentait.

Cela s'applique aussi à Facebook. Profitez de la moindre occasion pour taguer un prescripteur qui pourrait être potentiellement intéressé par votre message.

Exemple

Sur la page Facebook d'histoire, j'avais pour habitude de taguer les châteaux, villes ou institutions dont je parlais. L'occasion type est le message sur Louis XIV, dans lequel je glissais le château de Versailles, la ville de Versailles... Pour ce faire il suffit d'écrire @ suivi du nom de la page Facebook en question. Qui sait, leur CM en manque de contenu pourrait trouver un intérêt à partager votre message ! Ne vous attendez pas à des résultats immédiats et massifs, mais cette technique vous permet d'obtenir quelques partages toujours bons à prendre.

N'oubliez pas que les premiers acteurs à informer sont les membres de votre communauté eux-mêmes. Ils sont vos premiers lecteurs et vos meilleurs soutiens.

Mentionnez les membres de votre communauté

De temps en temps, vous pouvez taguer sur Facebook ou mentionner sur Twitter un membre de votre communauté. Il vous a donné une bonne idée ? Remerciez-le, et en le taguant, vous êtes certain qu'il recevra une notification. Cette pratique va dans le sens du don/contre-don, puisque vous le remerciez publiquement ce qui constitue une gratification symbolique qui peut sembler futile mais qui est le principal moteur des interactions sur les réseaux sociaux.

Exemple

J'organisais un concours hebdomadaire sur une de mes pages. L'internaute qui avait donné le plus de bonnes réponses à mes questions recevait un petit cadeau. J'en profitais pour faire un classement, que je publiais chaque semaine. Je taguais les internautes dans le classement, tout en les remerciant d'avoir participé. Ils recevaient une notification, se sentaient lus et écoutés.

Ces messages individuels ne fonctionnent que s'ils tiennent compte des spécificités du destinataire. Rien n'est pire qu'un message clefs en main copié puis collé à des dizaines de personnes sans aucune personnalisation.

Personnalisez

Les réseaux sociaux sont faits pour les êtres humains. Cela semble tellement évident que beaucoup l'oublient : on ne compte plus les marques qui dépensent des sommes folles pour développer leurs communautés. Logique, tout le monde affirme que Facebook et Twitter sont l'avenir du marketing et de la communication. Et pourtant le ROI (Return On Investment) est mauvais.

Pourquoi ? Car Nike ou Pirelli ne seront jamais votre ami ou votre contact. Lustucru ou Fleury Michon ne peuvent pas devenir vos amis. Rihanna ou Messi peuvent, car ce sont des êtres humains. Entre les comptes de célébrités qui réunissent des foules et génèrent un engagement massif sans grand effort, et les comptes des marques qui investissent beaucoup pour presque rien en retour, la différence est flagrante.

La grande leçon de l'échec des marques sur les réseaux sociaux est la nécessité de personnaliser et d'humaniser au maximum votre présence.

D'abord comme community manager. Si votre responsable vous l'autorise, signez de votre prénom. Soyez ouvertement la voix de l'entreprise qui n'a pas de bouche. Vous pouvez même répondre avec votre compte Facebook si la situation se présente (attention à ne pas mélanger votre compte Facebook pro et personnel).

Ensuite dans les discussions. À chaque fois que vous le pouvez, humanisez votre réponse. Non, une demande n'est pas transmise « au service commercial », mais « à notre responsable commercial » ou toute autre formule de votre choix.

Enfin dans le contenu. Donnez-la parole à des responsables, privilégiez l'interview, la citation, publiez des photos avec des visages.

Groupama a créé un personnage fictif emblématique, Cerise. En y réfléchissant bien, c'est Cerise et non Groupama qui devrait avoir ses comptes sur les réseaux sociaux. Et ce malgré son caractère fictif. Idem pour Ameli. Cet impératif de personnalisation induit par les réseaux sociaux pourrait bien avoir d'énormes conséquences sur les stratégies numériques des marques, même s'il est difficile d'en dire plus sans tomber dans un hasardeux essai d'anticipation.

Cette personnalisation, inextricablement liée au retour de l'humain dans la communication, a une autre conséquence. Vous devez mobiliser toutes les personnes qui pourraient faire vivre vos comptes sur les réseaux sociaux, en particulier vos proches, car il s'agit de votre garde rapprochée.

Mobilisez vos gardes rapprochées

Le véritable défi du CM est de générer de l'engagement sur les réseaux sociaux, afin d'obtenir un *reach* élevé. Un message peu liké sera peu diffusé, et donc obtiendra peu de likes, et donc disparaîtra inexorablement.

Il est donc nécessaire d'amorcer la pompe, de donner rapidement à vos messages les interactions qui peuvent les lancer. Mobilisez ce que j'appelle vos trois gardes rapprochées : les ambassadeurs, les collaborateurs, et vos proches.

Les ambassadeurs, votre première garde rapprochée : si vous êtes à l'écoute de votre communauté, vous devriez rapidement avoir une petite base de vrais fans qui likent ou commentent rapidement vos publications. C'est là le plus grand intérêt à chouchouter vos ambassadeurs. Plus vos ambassadeurs sont nombreux, plus vos messages auront une chance d'atteindre une large audience.

Mobilisez votre garde rapprochée professionnelle : il s'agit de toutes les personnes qui travaillent pour votre entreprise, ou qui ont avec elle un lien. Votre travail consiste aussi à leur dire qu'ils peuvent venir sur les réseaux sociaux, liker, commenter ou même partager. Constituez-vous une base mail avec toutes les personnes identifiées afin de les prévenir.

Mobilisez vos proches : CM, vous avez en théorie de nombreux contacts sur les réseaux sociaux, avec lesquels vous partagez certains centres d'intérêt. Partagez régulièrement vos publications pros sur vos réseaux personnels et invitez-les à aimer vos pages.

Ces conseils peuvent sembler dérisoires, mais s'ils vous permettent de générer rapidement à chacune de vos publications une première vague d'engagement, cela peut changer le destin de votre message.

Exemple

Je travaillais pour un journal qui faisait appel à de nombreux pigistes pour ses articles. En quelques années, c'était un réseau de plusieurs centaines de personnes qui avaient collaboré avec nous ! J'ai donc demandé la mise sur pied d'une base mail de ces contributeurs, afin de renouer le contact avec eux car ils pouvaient devenir des ambassadeurs. Et pas seulement sur les réseaux sociaux...

Avant de chercher à conquérir des fans, demandez-vous si vous n'avez pas devant les yeux un vivier déjà important !

Chapitre 4
La générosité

« Il y a autant de générosité à recevoir qu'à donner. »

Julien Green

Donner pour recevoir

Les entreprises s'installent sur les réseaux sociaux pour en tirer un bénéfice : des ventes, du trafic Web, des retombées sur l'image... Pourtant, ces bénéfices n'interviennent en général qu'après avoir soi-même donné aux communautés. On peut comparer le travail du CM à celui du paysan qui doit semer avant de récolter. Sur les réseaux sociaux, vous devez donner pour recevoir.

Donnez

Les réseaux sociaux fonctionnent par l'économie du don/contre-don. Cela signifie que vous devez offrir quelque chose à votre communauté pour espérer obtenir quelque chose d'autre en échange. Il ne s'agit pas forcément d'argent, car contrairement à la plupart des transactions communes dans notre économie, sur les réseaux sociaux vous allez essentiellement distribuer de la valeur sous d'autres formes. Petit tour d'horizon des dons possibles.

Le contenu : don de base, vous offrez sur les réseaux sociaux un contenu de qualité et adapté à vos lecteurs.

Les cadeaux : les internautes adorent les jeux-concours, ou les dons aux membres les plus actifs. Pas besoin d'offrir le dernier produit Apple, le geste est bien souvent le plus important dans cette démarche. Offrez un bon de réduction, un abonnement premium de quelques mois, et faites-le savoir. Vous apparaîtrez comme empathique et généreux. Sur les réseaux sociaux, une bonne image est une arme redoutable. Ce cadeau a bien entendu un coût, mais présenté habilement il peut participer de votre stratégie commerciale de promotion de produits.

Exemple

Chaque semaine, j'offrais un livre électronique à une personne particulièrement active de la communauté. Cela favorisait l'engagement, déclenchait le jeu du don/contre-don, mais c'était surtout l'occasion de présenter à tous le produit offert, qui pouvait en intéresser d'autres.

Donnez aux internautes la parole : demandez à votre communauté quel type de contenu elle souhaite lire, donnez à un membre la possibilité de rédiger un article, bref montrez en acte que vous ne vous considérez pas comme supérieur.

Ces dons permettent à la communauté de se sentir précieuse et valorisée. C'est la condition nécessaire pour ensuite lui demander d'acheter vos produits, de vous abonner à votre newsletter ou toute autre forme d'engagement à visée commerciale.

Le calcul coût-avantage étant à la base de toutes les activités économiques, votre objectif sera de recevoir le plus possible, en échange d'un don initial limité.

Le don/contre-don à bon prix

Si vous ne retweetez aucun message, personne ne vous retweetera. À l'inverse, en partageant régulièrement des messages de comptes ciblés et influents, vous pouvez nouer une relation gagnant-gagnant avec d'autres communautés. Il est parfois souhaitable de formaliser cette relation fructueuse avec d'autres pages : prenez contact avec le community manager, et faites une proposition bénéfique à tous. Engagez-vous par exemple à partager une fois par semaine ses messages sur votre page, sous condition de réciprocité. Sur les réseaux sociaux, l'union fait la force, tant la dynamique de partage est vitale pour obtenir une visibilité suffisante.

Pour une entreprise, retweeter présente néanmoins un inconvénient : vous utilisez votre outil de communication au profit d'un autre acteur. En pratique, cela signifie que vous allez générer de la notoriété et du trafic Web pour quelqu'un d'autre, et ce sans contrepartie certaine.

Cela est d'autant plus vrai que le nombre de messages que vous publiez chaque jour est limité. Vous avez une ligne éditoriale et un rythme de publication assez précis. Faire un retweet, c'est griller une cartouche dans ce calendrier.

Une technique consiste à faire de temps en temps des retweets à des heures creuses, soit très tard le soir, soit très tôt le matin. Ainsi vous limitez l'exposition de votre retweet à votre communauté. Le compte retweeté recevra, souvent quelques heures plus tard, la notification, sans se rendre compte de l'heure peu attractive du retweet. C'est le plus important, car cette notification lui envoie un signal très positif qui l'incitera à vous retweeter à l'avenir.

Il ne faut bien entendu pas abuser de cette méthode contestable sur le plan de l'éthique. Elle doit être réservée aux périodes vraiment chargées.

Recevoir pour donner

Retweeter est aussi utile lorsque vous connaissez un creux éditorial. Une période calme, une actualité atone : il existe des moments où vous vous demandez bien ce que vous allez pouvoir publier. Profitez-en pour partager (sur Facebook) et retweeter. Vous continuerez ainsi à offrir du contenu à vos communautés, tout en envoyant un signal positif à d'autres acteurs qui pourraient bien un jour vous renvoyer l'ascenseur.

En résumé, gardez à l'esprit que les réseaux sociaux fonctionnent par l'échange, une sorte de troc 2.0 dont les effets sont incertains. Mais vous n'avez pas le choix et devez participer à cette grande braderie virtuelle. Ce système ne peut fonctionner qu'avec un minimum de réciprocité.

De la réciprocité

L'objectif numéro un sur les réseaux sociaux est généralement de faire la promotion de son contenu. Du coup, on peut oublier que partager celui des autres est vital. Rentrez dans la mêlée, utilisez vos réseaux au service des autres. Cela n'est pas seulement un bon comportement, mais c'est surtout beaucoup plus efficace.

Exemple

J'avais créé un compte Pinterest pour l'entreprise dont j'étais le community manager. Il s'agissait surtout de tester ce réseau émergent, de me familiariser. J'épinglais systématiquement les images publiées sur notre site. Pourtant, au bout de quelques mois, je commençais à désespérer. Peu de pins, peu d'abonnés... J'en venais à me dire que le problème venait de Pinterest : un réseau pour les femmes, uniquement consacré à la mode, bref, hors cible. J'avais oublié l'essentiel. Pinterest est un réseau social et à ce titre, mon compte ne pouvait se développer qu'en jouant le jeu de la sociabilité. J'ai donc commencé à suivre des comptes proches de ma thématique, beaucoup de comptes même. J'ai épinglé de nombreuses images d'autres utilisateurs, ce qui m'apportait du contenu clefs en main pour alimenter mes tableaux. Et comme par magie, cela eut un effet bénéfique sur mon compte. De plus en plus d'abonnés, d'épinglages, etc. Par magie ? Non, par le simple jeu de la réciprocité. En m'abonnant à ces tableaux ou en épinglant, de nombreuses personnes recevaient une notification. Chaque notification étant une preuve de vie, et comme nos thématiques étaient proches, la réciprocité a fait son effet.

Conclusion : sur un réseau social, vivre en autarcie, c'est mourir. Mais parfois, le don symbolique est insuffisant, et l'argent entre en jeu.

Payer pour recevoir

Avec la baisse inexorable de la portée organique Facebook, et le nombre croissant de publications sur Twitter, il devient de plus en plus difficile de sortir du lot sans payer. Car l'usage banalisé des réseaux sociaux va de pair avec un accroissement rapide des contenus publiés. Dès lors, payer pour mettre en avant son contenu devient indispensable.

Pour autant, il ne suffit pas de sortir la carte bleue pour obtenir de bons résultats. Payer n'est pas synonyme de réussite. Pour les publicités Facebook comme pour tout le reste, il faut une bonne stratégie et des pratiques efficientes.

Tester plusieurs versions de sa publicité

Soyez humble et admettez qu'il est difficile, voire impossible, de savoir à l'avance si votre publicité plaira à vos lecteurs. Le choix de l'image, du texte, du CTA, du ciblage : autant de facteurs qu'il est difficile à optimiser à l'avance.

La bonne pratique consiste à créer plusieurs versions d'une même publicité, et les tester sur un plus petit échantillon. Lancez ces publicités, et au bout de quelques heures, regardez les résultats. Souvent, une publicité est plus performante que les autres : ce sera celle que vous allez diffuser à plus grande échelle.

Personnalisez votre publicité

Parfois, par manque de temps ou d'envie, il peut nous arriver de créer une publicité type, et de la recycler selon les besoins auprès de cibles différentes. Cela n'est pas une bonne solution, car chaque cible est différente. Votre message et votre illustration ne doivent pas être les mêmes selon que vous vous adressiez à un public jeune, âgé, geek, proche de vous, etc.

J'avais par exemple créé une publicité pour faire la promotion d'un de mes livres. Pour mieux toucher mes cibles, une version s'adressait aux femmes en présentant un visage féminin, et une autre tournée vers les hommes un visage masculin. Cela permet aux lecteurs de s'identifier plus facilement.

Mettez-vous dans les chaussures de votre public cible : qui est-il ? Quels sont ses points d'intérêt ? Quels sont les arguments qui peuvent le toucher (plutôt le prix ou la qualité) ? Toute publicité relève donc d'une logique marketing qu'un bon community manager doit maîtriser. La méthode la plus simple reste de créer des personas.

La finalité de toute publicité est de déclencher un acte. C'est ici qu'intervient le call to action.

Le call to action

Le call to action est indispensable. Il est l'aboutissement logique du mini tunnel de vente que constitue votre message. Ma préférence va au classique « en savoir plus » qui n'est pas trop effrayant, car il ne donne pas l'impression à l'internaute qu'il faut tout de suite sortir sa carte bleue.

Tout message doit contenir un call to action, car chaque publication a un but précis et doit permettre à vos lecteurs d'agir, et ainsi vous aider à atteindre votre objectif. Si vous ne savez pas quel appel à l'action mettre dans votre message, c'est sans doute qu'il n'a pas réellement de raison d'être !

Créer une landing page personnalisée

Votre publicité est réussie, et l'internaute clique sur votre CTA. Bravo ! Mais où atterrit-il ? Généralement sur une page générique : un catalogue, un article, etc.

Sur Internet, l'hyper-personnalisation est désormais de rigueur. Chaque internaute est unique et veut un contenu qui corresponde parfaitement à ce qu'il attend. D'où l'intérêt de créer une landing page spécifique pour accueillir ceux qui ont cliqué sur votre publicité Facebook ou Twitter.

Exemple

Sur Facebook, je faisais de la publicité pour l'abonnement numérique d'un magazine. Le lien dans cette publicité ne renvoyait pas sur la page d'abonnement générique, mais sur une landing page spécialement créée pour la campagne : une formule satisfaisait tout de suite l'ego de l'internaute (« vous aimez nos articles publiés sur Facebook et vous souhaitez en lire davantage et en intégralité ? »).

La page ne comprenait que l'abonnement numérique, et pas l'abonnement papier. Les illustrations reprenaient les derniers articles publiés sur Facebook. Bref, un environnement personnalisé et rassurant, qui donnait à l'internaute l'impression qu'il était arrivé sur la bonne page.

Si cette pratique est idéale, elle demande pas mal de travail supplémentaire, et surtout une bonne coordination entre le community manager et l'équipe technique du site Internet. Inutile de préciser que ce n'est pas le cas partout…

Indiquez le prix – et la réduction !

Indiquer clairement le prix de votre produit dans votre publicité permet de ne faire venir que les internautes séduits par le tarif proposé. Inclure une promotion, même symbolique, est aussi une bonne idée. Les internautes sont par nature attirés par les réductions.

Autre détail qui a son importance : les utilisateurs mobiles achètent beaucoup moins que ceux sur ordinateur. Lorsque vous créez votre publicité, excluez le trafic mobile qui débouchera sur un plus faible taux de conversion.

Analysez

Sur les réseaux sociaux, le chemin est toujours le même : vous publiez, vous analysez, et cela vous permet de procéder aux ajustements nécessaires. Cela vaut bien entendu pour vos publicités. Scrutez attentivement les résultats : coût par clic, l'indice de performance Facebook, etc. Si une de vos publicités a de mauvais résultats, ne vous flagellez pas : essayez de comprendre pourquoi, et mettez sur pied une meilleure version !

En résumé, payer peut être nécessaire et même très utile sur les réseaux sociaux. Mais cela n'aura aucun intérêt si le contenu mis en avant de façon payante est mauvais.

Générosité par le contenu

Certains community managers considèrent leur métier comme une chasse permanente au clic et au buzz, « la fin justifiant les moyens ». Le CM devient alors l'expert dans la recherche de formules racoleuses.

Ce n'est pas du tout ma vision des choses. Pour bâtir une relation durable et de qualité avec une communauté – et donc pour atteindre vos objectifs – il est nécessaire de respecter les internautes et de leur offrir du contenu intéressant.

Sur les réseaux sociaux comme dans la vie, il faut pour sortir du lot être capable d'offrir dans la durée des informations pertinentes, originales et adaptées à vos lecteurs. Plus facile à dire qu'à faire ! Comment dès lors proposer régulièrement du contenu de qualité et en quantité suffisante ?

Découpez vos gros morceaux

Sur les réseaux sociaux, le format court prime. La lecture est rapide, en diagonale, et personne ne va directement sauter sur un livre blanc de 80 pages. Bonne ou mauvaise nouvelle ?

Pour le community manager, c'est une excellente nouvelle ! Cela signifie que vous allez pouvoir découper en petits morceaux les contenus. Reprenons l'exemple du livre blanc diffusé par votre entreprise. Lisez-le, puis isolez plusieurs éléments percutants qui peuvent faire l'objet d'autant de messages sur les réseaux sociaux.

Comment servir ces petits morceaux ? Privilégiez les formats qui génèrent de l'engagement : les infographies, les citations, les vidéos courtes, les concepts percutants.

Chaque petit élément devient un message à part entière, ce qui multiplie les occasions de capter l'internaute et de le faire entrer dans le tunnel de vente. Cela vaut pour le contenu lié à l'actualité du moment, mais pas seulement.

Valorisez votre contenu non périssable

Sur les réseaux sociaux, les contenus frais sont valorisés : on cherche avant tout la dernière information en date. Il semblerait même que l'algorithme Facebook favorise les liens vers un contenu publié récemment.

Vous pouvez pourtant exploiter deux types de contenus plus anciens.

Les archives qui tombent à pic : à la mort d'une personnalité célèbre, j'ai republié sur les réseaux sociaux un article datant de plus de 4 ans (!) sur elle. Pas question de tromper sur la marchandise, il faut bien expliquer que l'article est ancien, mais on peut tourner cela à son avantage : contrairement aux nécros à chaud, un article publié avant la mort de la personne est moins « langue de bois », et offre un contenu tout aussi intéressant, car il offre un angle différent.

À vous d'avoir en tête les anciens contenus publiés sur le site pour lequel vous travaillez. Mais lorsqu'un événement important survient dans votre domaine, vous pouvez tout simplement faire une recherche Google limitée à votre site pour voir si vous disposez d'un contenu ancien mais réutilisable.

Plus classiquement, il existe sur tous les sites du contenu non périssable mais utile : une FAQ, une vidéo de présentation, une revue de presse, un organigramme… bref, des informations stables dans le temps. Elles sont généralement utiles à vos lecteurs, et vous pouvez les exploiter régulièrement, en particulier lorsque votre actualité éditoriale est atone.

En résumé, pensez à recycler vos contenus, mais toujours en essayant de les rattacher à l'actualité du moment afin de profiter de l'attrait de la nouveauté. L'actualité est le background sur lequel s'étalent les messages que vous publiez, tenez-en compte et pratiquez sans vergogne le newsjacking.

Le newsjacking

Cette technique consiste à surfer sur l'actualité chaude du moment. C'est le cas pendant les grands événements sportifs, et rares sont les comptes sociaux à ne pas faire au moins une allusion à ces événements. Cela permet par exemple de se greffer à un hashtag en TT et donc de gagner en visibilité.

Parfois, il n'existe pas de lien évident entre votre activité et l'actualité. La tâche est alors plus ardue, mais reste possible avec un peu d'imagination. Chaque année, à l'occasion de la Journée internationale des droits de la femme, je publie sur mes comptes sociaux d'histoire la présentation d'une figure féminine célèbre et marquante. Même si Olympe de Gouges ou Marie-Antoinette vivaient au XVIIIe siècle, le lien avec l'actualité est évident ! Ainsi, je réutilise du contenu évoquant des événements vieux de plus de 200 ans tout en étant au cœur des débats actuels : une véritable cure de jouvence !

Pour autant, il faut rester prudent. Le *newsjacking* n'a aucun sens si l'événement en question est trop éloigné de votre secteur. Si vous trouvez une façon habile de faire le lien entre l'événement et votre entreprise, tant mieux. Sinon, ne le faites pas.

Chapitre 5
La vigilance

« Les empires ne se conservent
que comme ils s'acquièrent, c'est-à-dire par la rigueur,
par la vigilance et par le travail. »

Louis XIV

Le CM est au carrefour des informations

Nous venons de faire la distinction entre le contenu non périssable et le contenu « chaud » lié à l'actualité du moment. C'est ce dernier qui fonctionne généralement le mieux. Mais pour le repérer à temps, vous allez devoir faire preuve de vigilance, car certains thèmes porteurs n'apparaissent que très discrètement au début. N'importe qui peut constater un tremblement de terre, le bon CM est celui qui le sent venir dès les premières microsecousses.

Repérer les signaux faibles

Le bad buzz n'est que la partie émergée de l'iceberg. Il est rare et ne concerne que les situations très graves. Fort heureusement, cela arrive assez rarement, sinon notre métier serait un cauchemar. D'ailleurs, pas besoin d'être un CM vigilant pour détecter un bad buzz !

Votre valeur ajoutée sera bien davantage de repérer les signaux faibles, ces messages discrets et peu partagés mais qui sont révélateurs d'une réelle question de la part des internautes – et donc des clients. Vous devez les repérer, les prendre en considération, les recouper, et si besoin les faire remonter à la personne en charge.

La règle est simple : si vous n'avez pas de réponse honnête et claire à donner suite à une remarque négative d'un internaute, c'est un signal faible.

Cela suppose d'être à l'écoute, donc d'être très présent sur les réseaux sociaux. Mais aussi de mettre en place des outils de veille adaptés, comme la simple Google Alert ou d'autres plus spécialisés (cf. Annexe 1, les outils du CM).

Le reporting

Vous savez normalement faire un reporting, qui inclut les statistiques importantes en fonction des objectifs et KPI imposés par votre chef, ou mieux définis avec lui. Le reporting doit être court car personne ne lit des documents longs venus d'un simple CM.

Là où vous pouvez vraiment apporter beaucoup, c'est en intégrant au reporting la remontée d'informations venues des internautes. Les réseaux sociaux permettent de nouer un lien direct entre le consommateur et l'entreprise, sans les filtres habituels. Et c'est vous, CM, qui allez créer ce lien, tel un rouage. Vous devez bien sûr faire le tri entre ce qui est de la râlerie pure et simple, et ce qui est constructif.

De manière générale, le reporting ne doit pas seulement être descriptif. Il est votre arme principale pour faire des propositions, en tenant compte des statistiques et des remarques des internautes. C'est en étant « force de proposition » que vous apparaîtrez comme réellement utile aux yeux de votre responsable ou de votre client.

Vos préconisations ne doivent pas être cantonnées aux réseaux sociaux. En effet, les commentaires des internautes peuvent vous indiquer un souci dans le parcours d'achat d'une boutique en ligne, ou un mécontentement vis-à-vis de la ligne éditoriale d'un blog. Le CM est bien placé pour identifier ces points de friction, qui peuvent décourager ou décevoir les internautes. Mieux, il peut recueillir des suggestions ou des propositions des internautes, afin de régler ces problèmes. Les réseaux sociaux sont en effet un excellent outil pour obtenir de façon directe des feedbacks des utilisateurs eux-mêmes. En les faisant remonter, vous apportez une importante plus-value à l'entreprise.

Dans votre reporting, n'hésitez pas à transmettre les critiques venues des internautes, ainsi que leurs préconisations, afin que les équipes en charge du site web en aient connaissance et puissent apporter des améliorations.

Le reporting est donc l'occasion d'alerter sur les signaux faibles et de proposer des solutions. Mais cette vigilance de tous les instants ne doit pas être qu'au service de votre entreprise. Soyez vigilant sur vos pratiques et sur votre métier afin d'en anticiper les transformations.

Se tenir au courant des évolutions du métier de community manager

Il y a dix ans, le métier de CM n'existait pas. Qui sait à quoi il ressemblera dans dix ans ? Inutile de faire de longues spéculations sur l'avenir du métier, mais vous devez en permanence vous tenir au courant des évolutions, qui sont importantes et surtout rapides.

Ne passez pas à côté d'une fonctionnalité Twitter qui pourrait changer votre approche. Ne ratez pas le nouveau réseau social qui monte et qui correspond parfaitement à votre cible.

Pour cela, il est utile de passer quotidiennement un petit moment à lire les forums ou groupes Facebook spécialisés, et à consulter les sites de CM. Vous pouvez vous créer un dashboard – par exemple avec netvibes – pour agréger les flux RSS de quelques sites comme Presse Citron ou Le journal du CM. Utilisez Scoop.it ou tout autre outil de curation de votre choix afin d'avoir une sélection des meilleurs articles sur le sujet. Devenez membre de groupes Facebook comme My community manager pour lire les questions que se posent d'autres CM. Pour plus d'informations, vous pouvez consulter l'annexe 2 de ce livre, avec un guide pratique pour se tenir informé sans se noyer dans le flux massif d'informations.

Le CM est un des rares métiers dans lequel la formation continue est quasi quotidienne. C'est assez déplaisant car chronophage, mais cela participe de la légitimité du CM comme professionnel. Cette connaissance actualisée des techniques et des outils le différencie des autres utilisateurs des réseaux sociaux, et justifie son statut.

Vigilance sur les transformations de votre métier donc, mais aussi sur l'activité au sein de vos propres communautés. Le moment est venu d'aborder un problème épineux, la modération.

Modérer

Il n'existe pas de recette miracle pour une modération parfaite. Modérer, c'est toujours faire un choix, placer le curseur quelque part entre la liberté totale et la censure absolue. Il existe néanmoins quelques bonnes attitudes qui permettent d'améliorer au quotidien votre travail de modération.

Sentez venir les problèmes

Parfois le community manager met lui-même le feu aux poudres en lançant une conversation sur un sujet polémique, ou en pratiquant l'humour sur un sujet qui ne s'y prête pas. Afin d'éviter les dérapages, le modérateur doit anticiper les sujets délicats et susceptibles d'engendrer des débats stériles et virulents.

Sur Facebook par exemple, ne faites pas un post ouvrant le débat ou la conversation si le sujet traité est explosif. Au contraire, adoptez un ton très neutre afin de ne pas inciter à la prise de parole. Ou mieux, demandez-vous s'il est vraiment utile de parler de ce sujet : un simple calcul coût-avantage permet de prendre la bonne décision.

Le travail de veille vous permet aussi en amont de repérer les sujets qui font débat sur les réseaux sociaux, et qu'il faut donc traiter avec la plus grande prudence. Plus simplement, discutez avec votre responsable de la communication qui vous donnera la liste des sujets à éviter.

Pour autant, n'importe quel sujet peut dérailler sur les réseaux sociaux. C'est pourquoi vous devez mettre en place des garde-fous pour anticiper les débordements.

Mettre en place des garde-fous

La modération se travaille en amont : vous devez disposer d'outils ou de structures vous permettant de modérer efficacement. N'improvisez pas, sinon vous risquez de voir fleurir les situations délicates ! C'est pourquoi je vous conseille de :

- Créer une charte de modération très claire et visible de tous. Ne vous contentez pas de copier/coller une charte existante, adaptez-la à votre page Facebook ou à votre forum.
- Vous devez y intégrer les problématiques propres à votre domaine ou au profil sociologique des utilisateurs. N'hésitez pas à renvoyer un utilisateur borderline à la charte afin de faire un rappel à l'ordre fondé sur un texte : cela passera beaucoup mieux qu'une intervention arbitraire basée sur des critères totalement subjectifs. Mentionnez régulièrement la charte lorsqu'une situation potentiellement polémique apparaît : elle n'en deviendra que plus légitime aux yeux des internautes.
- Dernier point : respectez vous-même la charte !

Préparez dans un document un *process* de réponses adapté à toutes les situations. La modération exige une réaction rapide ; or, la précipitation entraîne souvent une réponse maladroite qui ne fait qu'aggraver la situation. En réfléchissant en amont aux différentes sortes de messages et en accolant à chacun une réponse type, vous réduisez le risque d'erreur.

Nommez si vous le pouvez un ou deux modérateurs adjoints capables de prendre le relais lors de vos absences. Il est évident qu'un dérapage peut intervenir n'importe quand, d'où l'importance des suppléants. Il faut informer ces derniers de vos choix de modération afin de maintenir une cohérence entre les modérateurs. Enfin, plus un problème est traité tôt, moins il risque de se développer ou de se diffuser.

Mais cela est rarement suffisant sur Internet, car à travers les messages ce sont les egos qui s'expriment. Tout l'enjeu de la modération est donc de mettre fin aux polémiques parfois brutales en offrant aux internautes en question une solution non vexatoire.

Prévoir une porte de sortie honorable

Les sanctions sont la dernière arme du modérateur, mais il est préférable de trouver une porte de sortie en douceur.

Privatisez le problème : si un internaute se plaint sur un sujet délicat ou polémique, il faut traiter la question en message privé/mail pour limiter les nuisances. Votre objectif n'est pas de faire taire toutes les critiques en prétendant que vos produits sont sans défaut. Vous voulez seulement que les messages qui peuvent nuire à votre e-réputation soient traités en privé plutôt qu'en public. L'internaute aura de plus l'impression d'être écouté, et de profiter d'un SAV personnalisé.

Créez un formulaire ou une adresse mail pour les suggestions et remarques négatives : certains internautes ont la critique facile, et il est bien délicat de canaliser leur colère qui dépasse la simple relation client. D'où l'intérêt d'avoir un exutoire pour l'internaute mécontent, comme une adresse mail, afin qu'il puisse exprimer sa colère sans pour autant perturber la communauté. Je suis modérateur sur un chat qui a par exemple créé une salle spécialement réservée aux sujets polémiques, afin d'en délester les autres salles : c'est un très bon exemple d'exutoire qui fonctionne.

Jouez la transparence, le dialogue et la légitimité

Les internautes ne supportent pas les décisions arbitraires qui ferment le dialogue : elles ne font qu'augmenter la colère, qui sur Internet s'exprimera d'une façon ou d'une autre.

Voici un exemple : un utilisateur poste un message agressif sur votre page Facebook, et vous devez l'effacer. L'action de modération ne s'arrête pas là. Expliquez par mail ou message privé votre mesure de modération à l'internaute concerné : « Bonjour XXXX, j'ai bien lu votre message YYYYY et sur le fond vous n'avez pas entièrement tort. Par contre, sur la forme votre message ne respecte pas la charte [lien vers la charte], en particulier le point ZZZZZ. J'ai donc préféré l'effacer afin d'éviter tout débordement. J'ai bien pris note de votre remarque, et vous pouvez si vous le souhaitez la republier de façon plus constructive. »

Plus généralement, il s'agit d'éviter l'escalade. Les actions de modération doivent permettre de calmer le jeu, les sanctions n'interviennent qu'en dernier recours. Montrez que vous êtes un modérateur à l'écoute, dont l'action repose sur des règles objectives et transparentes qui donnent à vos interventions un caractère légitime.

Surprenez les trolls

Comment parler de modération sans évoquer les trolls, ces internautes dont l'objectif est de créer la polémique stérile afin de regarder malicieusement les gens s'écharper ?

La première étape consiste à identifier le troll. Son ton est malicieux. Mais tout propos polémique ne relève pas forcément du troll. Parfois, derrière un discours provocateur se cache une remarque bien fondée et légitime. Prenez du recul et analysez à froid le contenu du message : s'il contient un fond de vérité, même exprimé de façon détestable, alors ce n'est sans doute pas un vrai troll mais plutôt un client furieux. Ce dernier mérite une réponse apaisée et apaisante, avec des éléments factuels afin de calmer cette colère.

Il est important de bien faire cette distinction car votre réaction ne sera pas la même avec un vrai troll, dont le message n'est pas un appel à l'aide mais bien une allumette qui cherche un grattoir. Il ne cherche pas une solution, mais bien à créer des problèmes.

Il m'est déjà arrivé de qualifier un internaute de troll, mais a posteriori il s'agissait plutôt pour moi une façon de ne pas prendre à bras-le-corps une question gênante.

Une fois le troll repéré, il n'existe malheureusement pas de recette miracle pour régler le problème. Néanmoins, quelques conseils de bon sens peuvent vous aider :

- « Dont feed the troll » : n'essayez pas de discuter ou d'argumenter avec un troll. Son but n'est pas d'avoir une discussion constructive. Ignorez-le, afin de limiter la portée de sa provocation. Cela nécessite de clairement identifier en amont les trolls.

- Gardez votre calme : le troll n'attend qu'une chose, c'est la colère et le dérapage des autres utilisateurs. En toutes circonstances, restez cordial, courtois et décontracté. Soyez complice avec eux, en particulier en privé : ils s'attendent à tout sauf à cela. Une petite blague amicale en message privé, accompagnée d'un rappel à la charte, a souvent tendance à les décontenancer.

Globalement, il est donc illusoire de vouloir combattre frontalement les trolls. Ils trouveront toujours un moyen de republier un message censuré, ou de recréer un nouveau compte après avoir été bannis. Considérez-les comme des utilisateurs normaux et dialoguez avec eux afin de les remettre dans le droit chemin.

En conclusion, la meilleure façon de modérer est de créer une communauté soudée autour des valeurs de votre entreprise. En effet, une communauté harmonieuse a tendance à se réguler d'elle-même, et lorsqu'un utilisateur vous attaque injustement ou de façon brutale, les internautes viendront à votre secours. Je sais, c'est plus facile à dire qu'à faire !

Chapitre 6
La minutie

« Pour réussir, la minutie est nécessaire ;
sans elle, sans la précision, nul résultat n'est possible.
Mais il faut que l'ouvrier reste plus grand
que son œuvre, qu'il la domine. On ne l'embrasse
fortement qu'autant qu'on est au-dessus. »

Jules Michelet

Être sur Facebook est tellement simple que près de deux milliards de personnes le sont ! Ce qui est plus compliqué, c'est de tirer profit de cette présence pour une entreprise. Il vous faudra d'abord mettre au point une stratégie complète et détaillée.

Élaborez une stratégie minutieuse

Une des différences entre un utilisateur lambda de Facebook/Twitter et un CM professionnel est que ce dernier a une réelle stratégie de publication, établie en amont. Tout le monde peut publier sur les réseaux sociaux, mais rares sont ceux qui se tiennent à un plan préétabli qui résulte d'une vraie réflexion. Heureusement d'ailleurs, car pour 95 % des internautes les réseaux sociaux sont purement récréatifs et spontanés ! C'est donc en travaillant avec rigueur cette étape de prépublication que vous ferez la différence.

Je suis favorable à une préparation longue et détaillée. Cela peut sembler fastidieux et chronophage, mais en réalité, avoir un plan vous évite de nombreuses erreurs, et vous fera à terme gagner beaucoup de temps. De plus, élaborer une synthèse avec votre responsable est le meilleur moyen d'avoir une vision partagée sur votre travail.

Les documents stratégiques de préparation doivent être courts, quitte à donner une image simplifiée et incomplète de la réalité. Un document de travail trop détaillé n'est pas fonctionnel : « Le mieux est l'ennemi du bien. » Vous n'allez pas forcément rédiger tous les documents suivants, mais je préfère les mentionner comme autant de questions qu'il faut se poser avant de vous lancer dans vos publications.

Note : l'ensemble des tableaux et techniques ci-dessous ne sont pas le fruit de mon invention ! Ils sont tirés de différents ouvrages et sites Web. Je ne prétends donc pas en être à l'origine, je ne fais ici que reproduire et personnaliser ces éléments méthodologiques qui me semblent utiles pour le CM.

Le diagnostic

Le plus souvent, vous allez reprendre des comptes déjà existants sur les réseaux sociaux, car en 2020 il est rare qu'une entreprise parte de zéro. Il est donc important de commencer par faire le diagnostic de la présence numérique et surtout sociale de l'entreprise afin de déterminer les points forts à cultiver et les points faibles à améliorer.

La meilleure méthode est à mon avis le SWOT, pour forces/faiblesses/opportunités/menaces (acronyme anglais). Elle offre un cadre rigoureux et fonctionnel qui constitue un bon point de départ pour votre réflexion.

Normalement, votre analyse SWOT ne concerne que les réseaux sociaux, car le département marketing (dans le cas d'une grande entreprise) ou le fondateur (dans le cas d'une petite entreprise) a déjà réalisé une analyse SWOT générale. Demandez donc ce document.

Mais ce n'est parfois pas le cas. Mauvais signe, et surtout il vous revient de le faire, car il est impensable de mettre au point une stratégie pour les réseaux sociaux sans savoir quelle est la position de l'entreprise sur le marché.

Le premier tableau à remplir concerne les forces et les faiblesses de l'entreprise elle-même. Voici un exemple, volontairement simpliste et caricatural :

	Points forts	**Points faibles**
Présence quantitative sur les réseaux sociaux	Déjà 15 000 personnes likent la page Facebook.	À la traîne sur Twitter : 500 followers seulement.

	Points forts	Points faibles
Contenu	Le site Web est riche en contenu et mis à jour quotidiennement : à valoriser sur les réseaux sociaux.	Peu de variété dans les thématiques abordées.

Il n'existe pas de tableau clefs en main, c'est à vous d'en créer un sur-mesure en tenant compte des spécificités de votre entreprise. Vous pouvez y parler du lien entre communication on line et off line, de l'engagement de votre communauté, du storytelling, des visuels disponibles, de la diversité des cibles, etc.

Le deuxième tableau à remplir concerne les opportunités et les menaces de l'entreprise. Il est donc davantage tourné vers l'extérieur et étudie la place de l'entreprise sur son marché.

Exemple

	Opportunités	Menaces
Crise économique	Communication sur les réseaux sociaux bien moins coûteuse que la communication classique.	Risque de sacrifier les dépenses sur les réseaux sociaux.
Dévelop-pement des sites et des pages Facebook/ Twitter dans ce secteur	Facilité accrue pour trouver facilement les informations. Nécessité de centraliser les informations pour faciliter la lecture de l'internaute. Possibilité de nouer des partenariats/échanges avec d'autres sites.	Concurrence : les internautes risquent d'être submergés d'informations. Quel temps leur reste-t-il pour nous lire sur les réseaux sociaux ?

Troisième et dernière étape, la plus importante : à partir de ce diagnostic vous devez faire une synthèse qui hiérarchise et donne de la cohérence aux diverses informations recueillies. De là naissent les premières préconisations et les premières pistes de réflexions qui seront la base de votre stratégie sur les réseaux sociaux.

Le benchmarking

Le benchmarking consiste à étudier les organisations/sites concurrents pour voir leur stratégie sur les réseaux sociaux, afin de s'en inspirer mais aussi de se différencier et innover. Si comme moi vous trouvez le terme benchmarking épouvantable, vous pouvez simplement parler d'analyse de la concurrence, expression qui a le mérite de vouloir dire quelque chose avec des vrais mots qui ont un sens.

Commencez par identifier vos concurrents, puis analysez sans a priori leur présence sur les réseaux sociaux. Observez ce qui marche, évitez ce qui est mauvais, et surtout profitez-en pour mettre en avant une identité propre afin d'exister sur un territoire moins concurrentiel.

Concurrent numéro 1	
Atouts	Réactivité, visuels de qualité, régularité des publications, etc.
Défauts	Storytelling incohérent, messages peu engageants, traite beaucoup de tel sujet qui intéresse peu…
Leçons à en tirer pour vous	Que faut-il « copier » ? Que faut-il éviter ? Comment exister sur ce créneau ?

Et pour résumer ce travail, quelques phrases de synthèse !

Une fois le diagnostic et le benchmarking réalisés, vous devriez commencer à avoir une image assez claire de la situation. Il ne vous reste plus qu'à définir votre propre stratégie.

Définir sa stratégie de communication numérique

Le cœur de votre stratégie consiste à définir avec le plus de précisions possible vos cibles, vos objectifs et votre message. Tout le reste en découlera. Voici un tableau pour organiser vos réflexions, en partant de l'exemple d'une communauté autour d'une gamme de produits pour les chats (les véritables stars d'internet).

Cibles	Cible principale 1 : par exemple les 25-45 ans qui ont un chat.	Quels types de messages allez-vous publier afin de coller à la cible en question ? Un public jeune apprécie les contenus amusants et les images percutantes. Connaissez vos cibles et leurs attentes, afin de leur offrir un contenu adapté.
	Cible principale 2 : par exemple les propriétaires de chats de plus de 45 ans.	Cette cible cherche davantage de contenu sérieux, un équilibre sera donc à trouver entre les 2 cibles principales. Le calendrier de publication devra en tenir compte.
	Cible secondaire 1 : par exemple les propriétaires de chats de moins de 25 ans.	Les plus jeunes n'utilisent pas les mêmes réseaux sociaux que leurs aînés : privilégiez Instagram et Snapchat.
	Cible secondaire 2 : les vétérinaires.	Rend intéressante la présence sur LinkedIn pour y relayer le contenu le plus sérieux.

Objectifs	Notoriété ?	Votre produit est nouveau, et inconnu du grand public. Votre objectif pourrait être la notoriété, et votre présence sur les réseaux sociaux visera à faire connaître au maximum vos produits. Le reach sera donc un KPI important, et des boosts orientés vers l'impression sont à envisager.
	Fluidifier la communication interne ?	Inutile ici. Cet objectif concerne davantage une association qui voudrait informer ses membres.
	Augmenter le trafic Web ?	Attirer des internautes vers votre site Web depuis les réseaux sociaux peut être une première étape dans le tunnel de vente. Il faut donc publier régulièrement des liens qui pointent vers vos articles de blog.
	Générer des ventes ?	Chaque semaine, un produit spécifique sera à l'honneur sur les réseaux sociaux, avec des messages d'information et un concours pour le gagner.
	Transformer l'image ?	Vos produits visent à guérir les chats : les réseaux sociaux sont l'occasion de casser cette image de « dispositif médical » et d'insister sur le bien-être de l'animal.
Message	Formulation du message en une phrase et conséquence sur les réseaux sociaux : « Nous aimons les chats, nous sommes comme vous, et nos produits aussi. »	

Comme toujours, ce tableau doit être complété par un petit texte de synthèse contenant des préconisations fonctionnelles.

Sur quels réseaux sociaux être présent ?

À ce stade, votre stratégie est suffisamment avancée pour vous poser une question cruciale : sur quels réseaux sociaux devez-vous publier ? Ce choix est en effet déterminant, pour deux raisons. D'une part car certains réseaux sont beaucoup plus pertinents pour déployer votre stratégie, en particulier si le public présent correspond bien à vos cibles. D'autre part car être actif sur les réseaux sociaux est chronophage, et vous devrez définir votre présence de façon réaliste, en tenant compte de vos disponibilités. En effet, vous allez consommer une ressource précieuse et rare : le temps. Être présent partout peut sembler séduisant, mais vous prenez le risque de passer plusieurs heures sur les réseaux sociaux, sans forcément obtenir des résultats à la hauteur.

C'est pourquoi vous devez résister à la tentation d'être partout, car face au manque de temps vous seriez alors obligé de sacrifier la qualité pour obtenir la quantité, ce qui n'est jamais un bon calcul. Mieux vaut publier régulièrement des messages de qualité sur un seul réseau social, que d'être partout à la fois et de diffuser dans la panique des messages rédigés à la hâte. Choisissez où publier en tenant compte de vos objectifs, de vos cibles, mais aussi de vos disponibilités.

Nom du réseau social	Avantages	Inconvénients	Le bon réseau si vous souhaitez...
Facebook *Le roi des réseaux sociaux*	Le leader absolu, avec près de 45 millions de visites uniques par mois en France, et plus de deux milliards d'utilisateurs dans le monde. Facile d'utilisation.	Les jeunes délaissent Facebook. La portée gratuite est en chute libre, il faudra sans doute payer pour obtenir des résultats. La concurrence y est très forte, car toutes les entreprises sont présentes. Peu adapté pour le B2B.	Nouer le dialogue avec les cibles et les clients. Augmenter la notoriété de la marque. Recruter de nouveaux clients et les fidéliser. Mener des campagnes publicitaires très ciblées.
Twitter *Le réseau des influenceurs*	Les journalistes, hommes politiques et chefs d'entreprise influents sont souvent présents et actifs.	Seulement 3,5 millions d'utilisateurs en France. Durée de vie très réduite de vos tweets, qui meurent en quelques heures.	Toucher des influenceurs. Couvrir un événement en direct.
Pinterest *Le catalogue d'images impérissables*	Longue durée de vie de vos épingles, parfois plusieurs mois. Présence active du public féminin. Idéal pour présenter vos produits.	Certains secteurs n'ont pas de belles photos à publier.	Générer du trafic vers votre site web. Mettre en avant votre catalogue de produits.

Nom du réseau social	Avantages	Inconvénients	Le bon réseau si vous souhaitez...
Instagram *Le réseau social visuel*	Très forte croissance quantitative, avec déjà près de 20 millions d'utilisateurs en France. Audience plus jeune que sur Facebook.	Il n'est pas possible de partager les messages, ce qui freine la viralité. Vous ne pouvez pas intégrer des liens à vos messages, donc l'impact sur le trafic web sera limité. Vous devrez avoir de belles photos à disposition.	Augmenter la notoriété. Améliorer l'image de marque. Générer des ventes avec le système publicitaire. Nouer des liens avec ses fans et sa communauté.
LinkedIn *Le réseau social professionnel*	Réseau très qualitatif : les utilisateurs s'y connectent non pas pour se divertir, mais parce qu'ils sont à l'écoute d'opportunités, en recherche d'informations. Le meilleur choix pour votre communication B2B. La portée gratuite est élevée.	Numériquement plus réduit que Facebook, avec moins de 7 millions d'utilisateurs en France. Peu adapté au B2C.	Améliorer l'image de marque et la notoriété de votre entreprise. Mettre en avant votre expertise. Prendre des contacts professionnels fructueux. Mobiliser vos collaborateurs.

Nom du réseau social	Avantages	Inconvénients	Le bon réseau si vous souhaitez...
Snapchat *Le réseau social des jeunes*	Parfait pour toucher une population très jeune.	Concurrencé par Instagram qui reprend toutes ses fonctionnalités, la pérennité et l'efficacité commerciale de Snapchat restent à prouver.	Toucher les moins de 20 ans.
TikTok *L'autre réseau social en vogue chez les jeunes*	Sa croissance est phénoménale, en particulier chez les jeunes.	Difficile à dire pour le moment si la popularité de TikTok s'inscrit dans la durée. Format purement vidéo, prévoyez plus de travail de réalisation. La tonalité y est légère et décalée, ce qui peut être incompatible avec votre image de marque. Faible audience chez les plus de 30 ans.	Développer votre notoriété auprès d'un public jeune.

Néanmoins, je recommande souvent à mes clients d'être présents sur de nombreux réseaux sociaux, en utilisant la technique du recyclage. En effet, les messages que vous préparez pour Facebook peuvent parfois être reproduits sur d'autres réseaux, par exemple LinkedIn, Instagram et Twitter.

Bien entendu, chaque réseau est différent : le public n'y est pas identique, les attentes des lecteurs non plus, tout comme la forme des messages. Vous devrez par conséquent faire le tri : votre message humoristique publié sur Facebook n'aura pas sa place sur LinkedIn, réseau social professionnel à la tonalité plus sérieuse et corporate. Et vous aurez sans doute besoin d'y enlever les emojis qui ne feraient pas très sérieux... De même, la forme sera différente : Twitter vous limite à 280 caractères, et votre long message Facebook prendra alors la forme d'un thread sur Twitter.

Tout en gardant à l'esprit que chaque réseau social a ses spécificités, pensez à réutiliser au maximum les contenus créés pour les réseaux sociaux. Votre approche doit être celle d'une start-up, qui cherche à maximiser l'impact obtenu pour un coût fixe donné, dans une optique de comparaison entre le coût (en temps) et les avantages qu'il procure. Or, la conception d'un message est un coût fixe : élaborer le texte et concevoir l'image prend beaucoup de temps, mais le diffuser est un processus rapide. Votre temps étant précieux, réutilisez le plus possible vos contenus, si possible sur plusieurs réseaux sociaux, pour toucher des audiences différentes.

Astuce : vous pouvez même penser vos contenus pour qu'ils soient utilisables sur plusieurs réseaux sociaux. Le format 9/16e est par exemple commun à Pinterest et aux stories (Facebook et Instagram). Lorsque je crée des images à ce format, je sais qu'elles seront ensuite adaptées à tous ces réseaux sociaux. Ainsi, réfléchissez en amont aux dimensions de vos contenus, afin qu'ils puissent trouver leur place à plusieurs endroits.

Enfin, consacrez une partie de votre temps à explorer des réseaux sociaux *a priori* peu porteurs. J'ai par exemple décidé dès 2016 de travailler quelques heures par semaine sur Pinterest pour l'un de mes clients, même si au départ ce réseau apportait peu de résultats directs. La logique coût-avantage m'aurait incité à me dédier intégralement à Facebook, qui générait de nombreux clics pour un effort modeste. Mais j'ai persévéré, en bâtissant une présence active et qualitative. Pinterest est désormais une brique essentielle dans ma stratégie social media, avec des centaines de clics vers le site web chaque mois, et une visibilité supérieure à celle de Facebook. J'en tire une leçon importante : l'essentiel de votre travail doit se tourner vers les réseaux qui obtiennent de bons résultats immédiats, mais il peut être fructueux de tester d'autres réseaux qui pourraient à moyen terme se révéler profitables. N'y passez pas des heures, mais ne vous fermez pas non plus des portes !

Stratégie de l'accès

Elle consiste à définir les formes précises que va prendre votre communication numérique. *Stricto sensu*, un CM ne s'occupe que des réseaux sociaux. Mais en pratique c'est rarement le cas, en particulier dans les petites entreprises. De toutes les façons, l'action numérique doit être cohérente et coordonnée afin que les différentes campagnes soient complémentaires.

Repérer comment l'internaute accède à votre contenu	Moteurs de recherche. Forums. Réseaux sociaux.	Cela vous permet de définir les supports et les moyens digitaux pour toucher l'internaute-cible.
Découvrir les points d'intérêt	Contenu informatif ? Humoristique ? Des contenus utiles (brand utility) ? Etc.	Cela vous permet de définir les contenus et la tonalité.
Lever les freins	Comment lever les freins à l'action de l'internaute en jouant sur les 3 principaux freins : - L'ego. - La sécurité. - L'urgence.	Cela vous permet de définir la mise en œuvre concrète de vos messages.
Faire agir	Penser les call to action pour faire agir l'internaute.	Cela vous permet de définir la façon d'enclencher le tunnel de vente.

Pour aller plus loin : la méthode TOMSTER©

En 7 points, la méthode TOMSTER permet de faire une synthèse des différents éléments réunis auparavant. Elle a été élaborée par Emmanuel Vivier de *Hub Institute*.

Target **À qui ?**	Quelles sont les cibles ?
Objectifs **Pourquoi ?**	Quels sont vos objectifs ? La notoriété, la vente, l'image ? Quelle est la hiérarchie de ces objectifs ?

Message Quoi ?	Quel est le message, véritable fil conducteur de votre communication sur les réseaux sociaux ?
Stratégie Quand ?	Quand publier ? Quel est le calendrier de publication ?
Technologies & touchpoints Où ?	Voir « La stratégie de l'accès ».
Évaluer Comment ?	D'abord définir les objectifs. Objectifs quantitatifs online : plus de likes, de followers, d'engagement ? Objectifs quantitatifs online : plus de clients ? Objectifs qualitatifs online : meilleure communication interne ? Objectifs qualitatifs online : meilleure image ? Il faut s'y tenir car de cela découlent les outils d'évaluation (KIP) et des moyens précis.
Ressources Combien ?	Prendre en compte les contraintes organisationnelles : Budget, Timing, Compétences. Processus de validation : à définir. Outils.

Définir les thématiques et la tonalité associée

Pour vous aider dans la fréquence de publication sur les différents sujets, la dernière colonne peut être consacrée à la fréquence, par exemple :

A = quotidien ou tous les deux jours.

B = un à deux fois par semaine.

C = pas plus d'une fois par semaine.

Thématiques	Description	Fréquence
Principale 1		A
Principale 2		A
Secondaire 1		B
Secondaire 2		B
Secondaire 3		B
Marginale 1		C
Marginale 2		C

En pratique, la fréquence et le contenu des messages varient énormément d'un réseau social à un autre. Les utilisateurs de Twitter n'étant pas les mêmes que ceux d'Instagram ou de Facebook, un calendrier éditorial spécifique à chaque réseau est souhaitable.

Calendrier annuel

Une fois votre territoire clairement délimité et vos thématiques identifiées, vous pouvez réaliser un calendrier assez général à l'année afin de recenser les différents événements dont vous devrez parler. Nous reviendrons plus en détail sur vos calendriers de publication un peu plus loin dans cet ouvrage.

	Thème 1	Thème 2	Thème 3
Janvier			
Février			
Mars			
Avril			
Mai			
Juin			
Juillet			
Août			
Septembre			
Octobre			
Novembre			
Décembre			

Plan de cohérence de la communication

Si votre entreprise travaille en silos, il peut être nécessaire de mettre au point un document pour harmoniser la communication sur ses différents supports.

Trans-supports	
Cohérence graphique.	Les éléments graphiques doivent se retrouver d'un support à un autre, créant ainsi des patterns visuels qui aident l'internaute à se repérer.
Passerelles entre les réseaux sociaux.	Facebook ne vit pas en autarcie : il faut des incitations à suivre le compte Twitter, etc.
Intégrer des boutons de partage.	À la fin de chaque article, il faut des boutons de partage vers les réseaux sociaux afin de favoriser la viralité et la coordination entre la page Web et le dispositif sur les réseaux sociaux.
Intégrer des liens vers les réseaux sociaux sur les autres supports numériques.	Vérifier que les liens soient présents et bien visibles.
Mention des réseaux sociaux dans les événements online.	Affiches, flyers, publications papier, etc. C'est tellement bête qu'on n'y pense pas forcément !
Etc.	

Évaluation de l'efficacité de la stratégie

Vous devez définir, en accord avec le responsable marketing de l'entreprise, les indicateurs de performance pertinents et prioritaires. Ces indicateurs seront ensuite mentionnés dans le reporting et permettront de juger de l'efficacité de votre stratégie. En cas de mauvais résultats, des évolutions sont nécessaires.

Ouf, la préparation de votre stratégie sur les réseaux sociaux est terminée ! Bravo. Ce document est désormais votre livre de chevet. Il constitue un guide pour la gestion de vos réseaux sociaux au jour le jour. Il fixe un cap et une méthode qui devraient vous permettre d'y voir plus clair lorsqu'arrivera la fameuse question : « Mais que vais-je publier aujourd'hui ? »

Mais ne vous relâchez pas maintenant, car le plus délicat reste à faire. Dans vos publications quotidiennes, il faudra être attentif au moindre détail.

Le diable se cache dans les détails

La fatigue, la lassitude, ou tout simplement l'insouciance : autant de raisons qui peuvent expliquer qu'une image soit mal cadrée sur Facebook ou qu'un hashtag soit oublié sur Twitter… Or, ce sont ces petits détails qui font la différence sur les réseaux sociaux.

La rédaction des messages est donc un travail minutieux. Soyez paranoïaque !

L'internaute aura-t-il besoin de cliquer sur « lire la suite » pour voir le lien call to action de mon message Facebook ?

Dans mon tweet sur le Tour de France, dois-je choisir #TDF2020 ou #TourDeFrance ? Ou les deux ?

Lorsque je publie quatre images dans un seul message Facebook, est-ce que le rendu sera de qualité ? Comment Facebook va-t-il organiser l'affichage ?

Bref, c'est l'enfer, mais c'est notre métier et c'est précisément cette plus-value qui justifie l'argent reçu en échange de notre travail.

Vous avez un doute sur un détail de votre publication ? Alors testez avant de publier. Vous pouvez créer une page Facebook non visible au public sur laquelle vous enverrez vos messages pour ensuite voir le résultat (la prévisualisation de l'outil de publication marche aussi plutôt bien). Idem pour Twitter avec un compte de test fermé au public. Ces tests se compliquent avec la multiplication des supports...

Pensez multi-supports

Avant l'arrivée des Smartphones, tout était plus simple : les publications étaient vues sur ordinateur. Mais avec le développement spectaculaire des Smartphones (et dans une moindre mesure des tablettes), vous devez impérativement penser vos publications en tenant compte de ces différents supports.

L'immense majorité des internautes consulte les réseaux sociaux depuis un téléphone. Obtenir des messages optimaux sur ces supports doit donc être votre priorité. Les CM ont parfois tendance à l'oublier, car ils travaillent sur desktop. Mais comme toujours, il faut penser à ses lecteurs et non à soi-même.

Le texte de ma nouvelle cover Twitter réalisée sur PC de bureau sera-t-il assez gros sur mobile ? D'ailleurs, mon mobile est un Samsung Edge avec un écran plus grand, il faudrait que j'emprunte le modèle classique à un ami pour voir le rendu sur un écran de taille standard...

Alors avant de créer avec soin votre cover, pensez à consulter non seulement les dimensions, mais aussi les zones qui s'affichent sur les différents appareils.

Lorsque vous planifiez un message sur Facebook, vous avez la possibilité de le prévisualiser sur mobile. Pensez donc à le faire et à éventuellement modifier votre message pour l'optimiser.

Il ne s'agit pas d'un raffinement : désormais la moitié du trafic Web vient des mobiles. Les sites basculent les uns après les autres au responsive design. Vous devez faire vous aussi ce travail sur les réseaux sociaux.

Vous devez donc être minutieux lors de la préparation de tous les éléments qui sont susceptibles d'être vus par vos lecteurs. Mais pas seulement : soyez rigoureux dans vos documents de travail, en particulier votre calendrier de publication.

Anticiper : les trois rythmes d'un calendrier

Vous connaissez la nécessité de réaliser un calendrier de publication. C'est un outil indispensable pour bien s'organiser, et donc gagner du temps, mais surtout pour ne rien oublier d'important.

Pourtant, ce n'est pas si simple sur Internet, et en particulier sur les réseaux sociaux. Tout va très vite, et une information cruciale peut apparaître à tout moment. Comment résoudre cette contradiction entre l'anticipation et la souplesse ?

Je m'inspire d'un historien appelé Fernand Braudel (!). Il a bousculé l'histoire en expliquant qu'il fallait étudier le passé en tenant compte des différents rythmes :

- L'événement : le court terme, les événements.
- Le temps conjoncturel.
- Le temps long, qui forge durablement les structures dans lesquelles évoluent les hommes.

Quel rapport avec le community management ? Eh bien son modèle s'applique parfaitement à ce métier, car il permet de résoudre cette contradiction entre le court et le long terme.

Votre calendrier éditorial doit donc être triple :

- Le long terme : plusieurs mois en avance, vous pouvez déjà réaliser un document qui récapitule les événements à venir. Noël, un colloque, une assemblée générale, une compétition sportive... Bref, tout ce qui aura lieu avec certitude et qui a un impact sur votre activité.
- Le moyen terme : c'est votre planning de la semaine, avec jour par jour les thèmes à aborder dans vos messages. Véritable fil d'Ariane, il vous guide pas à pas dans votre travail quotidien.
- Le court terme : pour le community manager, le court terme s'évalue en heures, voire en minutes. À mon sens il n'est donc pas nécessaire de réaliser un calendrier de publication à proprement parler. Planifier les messages ou réagir immédiatement est suffisant.

Dans l'idéal, l'élaboration du calendrier est collaborative, tous les acteurs vous faisant remonter les événements et informations utiles dans votre métier. Cela reste théorique, car dans la plupart des entreprises ce réflexe nouveau n'est pas encore très bien intégré. Attendez-vous à devoir le réaliser tout seul, et inévitablement arrivera la question : « Ça, je l'intègre dans mon calendrier ou pas ? »

Que dois-je faire figurer dans mon (mes) calendrier(s) de publication ?

La réalisation d'un calendrier de publication découle d'une réflexion sur votre positionnement. Il ne s'agit pas d'ajouter un maximum d'événements et de surcharger ce qui est d'abord un document de travail.

Lors de la réalisation de votre calendrier de publication, vous devez donc vous poser les bonnes questions :

Cet événement est-il cohérent avec mon positionnement ?

Suis-je légitime pour en parler ? (la bonne formulation étant « Suis-je perçu par mes communautés comme légitime pour en parler ? »)

Parler de cet événement, est-ce cohérent avec la stratégie de communication ?

Est-ce un moyen de réaliser les objectifs fixés par cette même stratégie ?

Voir large peut inspirer : vous pouvez inscrire dans votre calendrier des événements qui ne figurent *a priori* pas dans votre cœur de positionnement. Car même un événement sans lien apparent avec votre activité peut mériter de figurer dans votre calendrier de publication.

Exemple

Difficile de voir le lien qui peut exister entre le jeu d'échecs et la sortie du dernier *Star Wars.* Pourtant, la sortie assez imprévisible d'un jeu d'échecs collector de *La Guerre des étoiles* au moment du lancement du film a été l'occasion d'un bon Tweet assez partagé et surfant sur l'engouement général. Cela m'a permis d'obtenir une bonne visibilité sans frais, en utilisant les bons hashtags.

Ne vous fermez donc pas de porte, mais pensez à bien hiérarchiser les informations sur votre calendrier. Oui, des événements annexes peuvent y figurer pour anticiper des buzz, mais ils ne doivent pas éclipser l'essentiel.

La routine

La routine est à la fois le pire ennemi et le meilleur allié du community manager. Pire ennemi, car dans ce métier on ne peut jamais se reposer sur ses lauriers. Les internautes se lassent, il faut varier le contenu, et de nouvelles tendances apparaissent en permanence.

Mais contrairement à une idée reçue, la routine est essentielle dans l'organisation de votre travail. Sans ces routines, vous allez partir dans tous les sens, travailler sur de nombreuses tâches à la fois, perdant ainsi de l'énergie, de la rigueur... et du temps.

D'ailleurs, vos lecteurs eux-mêmes apprécient une certaine routine. Ils ont généralement une aversion pour la nouveauté, et s'imprègnent de vos messages par la répétition. En abordant des thématiques de façon régulière, vous leur présentez une image clairement définie, ce qui facilite votre identification et participe de votre image.

Vos messages sur les réseaux sociaux doivent offrir une certaine stabilité, comme pour un journal : ainsi, l'internaute associera votre page Facebook à un territoire éditorial clair. « Je suis fan de cette page car j'y trouve des informations sur les nouveautés high-tech », et cela constitue un motif suffisant pour continuer à la suivre, et à interagir. Mettez en place des rendez-vous, comme par exemple la revue de presse du lundi, le conseil du mardi, ou le chiffre du jeudi. Vous ferez partie du paysage, ce qui est la meilleure garantie pour être visible.

La disruption est à la mode : beaucoup pensent qu'il est nécessaire de surprendre en permanence, et de casser les habitudes. Je ne suis pas d'accord avec ce penchant chaotique ! Rappelons que disrupt signifie « perturber » en anglais, et je ne connais pas beaucoup d'internautes qui souhaitent être perturbés.

De plus, je crois qu'il ne peut exister de véritable surprise sans l'existence d'un cadre stable. Votre capacité à provoquer l'étonnement naîtra précisément de ces messages qui brisent les attendus. Mais sans routine, comment la briser ?

Pour le CM, la bonne routine est une organisation générale de vos tâches quotidiennes qui vous permet d'optimiser votre travail. En ne vous dispersant pas – risque ô combien réel pour le CM – vous allez vraiment faire un travail de qualité. En ayant à l'esprit le matin la trame de votre routine quotidienne, vous allez vous libérer de l'anxiété qui peut potentiellement ronger le CM.

La routine doit évidemment être organisée de façon très pragmatique, en fonction des besoins mais aussi de vos préférences personnelles. Très concrètement, il peut s'agir de 9 h à 10 h de répondre aux messages (par mail mais aussi sur les réseaux sociaux) arrivés depuis la veille ; puis entre 10 h/10 h 30 consulter vos outils de veille pour déterminer votre calendrier de publication ; puis de 10 h 30 à 12 h de planifier les messages de la journée, etc.

Votre routine sera souvent interrompue par des appels ou des messages qui apparaissent entre-temps auxquels il faut répondre. Il s'agit donc d'une routine souple, mais qui vous donne un cadre absolument nécessaire pour être rigoureux.

Si vous travaillez pour une entreprise, les réunions, demandes de validation et présentations de vos messages de la semaine feront partie de votre routine. Et souvent, vous n'en choisirez ni l'heure ni le jour ! Vous devrez donc en tenir compte et vous adapter. Au fil du temps, vous pourrez obtenir une plus grande liberté vis-à-vis de votre hiérarchie : quelques mois de bons et loyaux services suffisent généralement à faire naître la confiance de votre supérieur. Et c'est une excellente nouvelle, car le community manager doit être très réactif, ce qui est rarement compatible avec des process longs et rigides. À vous aussi de l'expliquer, car on ne peut demander à un community manager de réagir en temps réel sur les réseaux tout en faisant valider auprès de plusieurs personnes ses publications. Un CM libre est un CM efficace.

Cerise sur le gâteau, vous allez pouvoir consacrer le temps ainsi libéré pour… briser la routine ! Concrètement, vous allez pouvoir chercher des bonnes idées sur d'autres comptes sociaux, tester de nouveaux outils, visiter vos comptes avec un regard neuf, discuter avec d'autres CM. De quoi vous donner de nouvelles bonnes idées, qui intégreront sans doute votre routine. Les idées neuves sont le nerf de la guerre sur les réseaux sociaux, alors soyez audacieux !

Chapitre 7
L'audace

« L'audace réussit à ceux
qui savent profiter des occasions. »

Marcel Proust

Distinguez-vous

Sur Internet les informations sont abondantes. N'importe qui peut s'informer sur n'importe quoi, et souvent de multiples façons. Prenons le cas des médias : je peux suivre l'actualité économique par des dizaines de journaux ou blogs. Or, votre objectif est bien de drainer les internautes vers votre site, via vos réseaux sociaux.

Les médias qui parviennent à tirer leur épingle du jeu dans cet océan de contenu sont ceux qui mettent en avant une approche originale. Originale ne veut pas dire farfelue. Disons qu'ils étudient le marché, définissent leurs cibles, et adoptent un positionnement et donc une tonalité spécifique.

Il est donc nécessaire de réfléchir en amont avant de publier. Trouvez un ton, et de messages en messages vous aurez une patte spécifique que les internautes aimeront. Vous aurez une image qui vous permettra de sortir du lot.

Le meilleur exemple que j'ai pu observer est So Foot. Un ton décalé, une approche globale du football tout en surfant sur la pop culture, une proximité avec les internautes… So Foot parle du même sport que tous les autres médias, mais d'une façon différente et qui fait mouche auprès de sa cible. Du coup, c'est un succès.

On parle beaucoup du *storytelling* : si ce procédé repose sur l'histoire d'une entreprise, l'histoire que l'on raconte s'écrit surtout au présent, jour après jour. Ne bâtissez pas une histoire sans votre communauté, mais avec votre communauté.

Attention, il ne s'agit pas de faire dans l'originalité à tout prix. Multiplier les messages surprenants mais sans cohérence les uns avec les autres est la meilleure façon de semer la confusion chez vos lecteurs, et in fine de brouiller votre image.

Exemple

Les Français adorent l'histoire, et de nombreux sites/pages Facebook/comptes Twitter occupent le créneau. Comment faire exister ma communauté sur ce segment très concurrentiel ? En parlant d'histoire autrement, sous forme de questions, de quiz, de petits jeux qui rappellent le contrôle à l'école. Ce choix n'est pas une improvisation : j'ai d'abord regardé ce que faisaient les autres pages, puis écouté les internautes (sur les forums, les commentaires de blogs...). Une fois l'étude du positionnement réalisée, il fallait déterminer la meilleure façon de l'exploiter tout en réalisant les objectifs fixés (augmenter le trafic du site Web). De cette réflexion de plusieurs semaines a découlé ce choix éditorial. On peut même aller plus loin : le choix des visuels est aussi lié à ce travail de positionnement, l'important étant de créer une véritable identité de page entre le texte et les images.

Variez les types de publications

Tout part d'un constat contradictoire : les internautes se lassent vite des mêmes contenus répétitifs. Mais en même temps, ils ne peuvent avoir une image claire sans un minimum de cohérence dans les messages.

C'est la même stratégie qu'au poker. Vous décidez d'être un joueur solide qui prend peu de risque, et ne jouez que des mains très fortes. Vos adversaires vont rapidement s'en apercevoir, et ils devraient vous bluffer de plus en plus. C'est pourquoi un bon joueur de poker raisonne différemment : il jouera de façon solide disons 90 % du temps, mais s'autorisera une prise de risque 10 % du temps, afin d'introduire une part d'incertitude dans son jeu. Il devient moins facilement lisible pour ses adversaires, même s'il reste globalement un joueur solide.

C'est exactement la même chose pour une page Facebook, un compte Twitter ou Instagram. Vous définissez votre ligne éditoriale, avec une tonalité associée et des sujets de prédilections. Mais pour ne pas tomber dans une routine fatale, vous publiez de temps en temps quelques messages différents.

Exemple

Je travaillais pour un magazine sérieux. Les messages sur les réseaux sociaux étaient donc d'abord informatifs. Mais je m'autorisais de temps en temps des messages plus légers, afin d'apporter une variété de ton qui est une réelle bouffée d'oxygène pour les lecteurs. L'image globale du magazine n'était pas écornée du tout, puisque la tendance dominante restait la rigueur et le sérieux.

Donnez des repères

Cette idée d'image globale m'amène à un point essentiel : les repères donnés aux lecteurs. Car si le CM voit tous les messages qu'il publie, ce n'est pas le cas des internautes. Vous connaissez trop bien le capricieux reach…

Du coup, l'internaute lambda ne verra que des bribes de vos jolis messages listés dans votre calendrier éditorial. Sauf exception, il est difficile de considérer vos messages sur les réseaux sociaux comme autant de chapitres qui se suivent dans un grand livre.

Et c'est un gros problème. Car votre message doit par conséquent être compréhensible en lui-même – pas besoin d'avoir lu les précédents. Mais aussi offrir des signes facilement reconnaissables qui permettent à l'internaute de « comprendre » le sens de la page, ce qu'il va y trouver. Face à l'afflux d'informations, on a tous tendance à classer en catégories : « Ça, c'est la page avec des trucs pas mal sur l'économie », « Ça c'est intéressant pour le sport avec des articles trop sérieux », etc. Faites en sorte que le lecteur ait une image de votre page qui corresponde à celle que vous souhaitez lui donner, et surtout qui corresponde à vos objectifs stratégiques.

Beaucoup pensent que l'audace consiste à tout chambouler, or vous devez tenir compte des internautes et de la confusion que cela pourrait engendrer. Bâtir une image est un travail de long terme : la meilleure audace est donc celle qui se greffe tout naturellement dans votre moule.

Exemple

Un repère tout bête est votre avatar sur les réseaux sociaux. Cela peut sembler une évidence, mais il doit rester le même et présenter clairement votre identité. J'avais repris le travail d'un community manager pour un magazine, et la pratique était alors de changer d'avatar Twitter à chaque nouveau numéro, en mettant la nouvelle couverture. Lors du passage de relais, je n'y avais pas plus réfléchi que ça, et j'ai poursuivi pendant plusieurs mois cette pratique. Or, à la réflexion, il est évident que ce n'est pas l'avatar qui doit changer, mais la cover (qui constitue votre vitrine). L'avatar est un point de repère, une façon de vous identifier en un coup d'œil : le changer tous les mois revient à brouiller votre visibilité. *Mea culpa*, je ne ferai plus cette erreur, et j'ai changé de pratique. Ne commettez pas la même erreur que moi !

Variez les formes des publications

Pour ne pas lasser vos communautés, il est indispensable d'apporter un contenu varié sur le fond, mais aussi sur la forme. Tantôt du texte, tantôt des photos, tantôt des vidéos, tantôt des applications spécifiques (test, quiz, sondage)... Sur Facebook, pensez aux événements (qui permettent d'ailleurs de réaliser des sondages directement dans les publications, que vous pouvez par la suite partager sur votre page), aux moments clés, aux vidéos...

Et en dehors de ces formats classiques, soyez créatif et ne vous fermez aucune porte.

Exemple

Je travaillais pour un site de citations. J'ai remarqué que Napoléon avait droit à de nombreuses citations, et qu'elles étaient géographiquement assez disparates (le monsieur voyageait beaucoup). D'où l'idée de les intégrer à une Google Maps personnalisée, comme pour géolocaliser ses citations. C'est original, car aucun autre site de citations ne proposait cela, et cela crée une certaine curiosité chez les internautes. Un internaute curieux est un internaute qui clique...

D'autant que l'algorithme de Facebook semble favoriser l'utilisation de ses outils vidéo et diaporamas. Une vidéo native Facebook aura un *reach* supérieur à une vidéo Youtube postée sur Facebook. C'est un élément à intégrer dans sa stratégie et qui mérite une vraie réflexion, car passer par une vidéo Facebook augmente votre portée, mais détourne le trafic de votre chaîne Youtube. Vous devez donc trouver le bon équilibre, et inciter les personnes qui voient votre vidéo sur Facebook à continuer l'aventure sur votre chaîne Youtube.

Ne respectez pas les règles

Le CM est abreuvé d'articles qui expliquent ce qu'il faut et ne faut pas faire. Gardez toujours un œil critique et n'hésitez pas à tenter des choses interdites par les gourous du Web. Si c'est un échec, alors retenez la leçon : il n'y aura pas mort d'homme.

Exemple

Un jour où j'avais beaucoup de contenu sur Twitter, j'ai décidé de programmer un Tweet « nocturne » à 3 h 30 du matin. Cela n'a aucun sens, et toutes les infographies sur « le meilleur moment pour publier sur les réseaux sociaux » vous diront qu'il ne faut pas le faire. Et pourtant j'ai essayé, avec un ton complice (« Tweet bonus pour les insomniaques etc. »). Figurez-vous que ce Tweet est celui qui a le mieux fonctionné.

Difficile d'expliquer pourquoi : à cette heure-ci, il ne devait pas être très concurrencé. Les internautes encore debout ont sans doute aimé ce Tweet inattendu. Toujours est-il que si j'avais respecté les règles à la lettre, ce Tweet n'aurait jamais existé. Je reproduis régulièrement cette technique, si les circonstances le permettent.

Bien présenter son contenu

On associe souvent le community manager à la gestion des communautés. En effet, interagir avec les communautés est un aspect essentiel du métier. Mais à mon avis, ce n'est pas le plus important.

La tâche principale du community manager est de présenter sur les réseaux sociaux un contenu adapté aux cibles et au support utilisé.

Vous travaillez pour une entreprise qui produit du contenu : des produits en magasin, des articles de blog, des communiqués, des FAQ, etc. Et ce contenu, vous allez devoir le mettre en valeur de façon percutante et efficace sur les réseaux, qui ont chacun des codes spécifiques. Et pour cela, il faut faire preuve d'imagination.

Ciblez vos messages

Il est possible de cibler vos publications Facebook par âge, sexe, lieu, langue, etc. Pour activer le ciblage de vos publications, vous devrez commencer par réaliser une petite opération technique si votre page compte moins de 5000 fans. Commencez en allant dans les paramètres de votre page, puis dans la rubrique « optimisation de l'audience des publications » qui se trouve dans l'onglet général. Une fois ce paramètre activé, vous aurez la possibilité choisir de cibler la diffusion de vos messages. On connaît cette possibilité de ciblage pour les publications payantes, mais c'est aussi le cas pour les posts non sponsorisés. Et cette fonctionnalité est encore largement sous-exploitée.

Dans le cadre d'une stratégie de contenu, il est nécessaire d'intéresser le lecteur en lui proposant des messages de qualité. Or, un message ciblé est par nature plus intéressant, car il touche le lecteur-cible. Un message sur les produits de beauté féminins n'intéresse pas les hommes, le ciblage est donc nécessaire. Une annonce concernant une soirée pour célibataires n'intéresse pas les personnes mariées. Tout cela est évident, mais encore faut-il penser à utiliser le ciblage.

Conséquence du ciblage : votre message sera envoyé à un nombre plus restreint d'utilisateurs, mais comme son contenu est adapté et personnalisé il sera beaucoup plus lu auprès des cibles, ce qui favorise l'engagement et in fine le reach.

Souvenez-vous que l'objectif n'est pas de diffuser votre message au plus grand nombre possible d'internautes, mais bien aux personnes qui entrent dans votre ciblage, et qui vous permettront d'atteindre vos objectifs. Multiplier les likes est flatteur, mais peu utile…

D'après une étude réalisée par le site Presse Citron : « Cibler 10 % des fans permet en moyenne de gagner 112 % de portée, soit de doubler votre portée. »

Exemple

Dans ma communauté de joueurs d'échecs, il existe un grand intérêt pour les tournois organisés partout en France. J'ai vite compris que Facebook allait me permettre de faire quelque chose d'intéressant. C'est l'outil de ciblage qui offrait dans ce cas précis la clef : j'ai commencé à publier des messages localisés, pour que seules les personnes géographiquement proches du tournoi reçoivent le message. Des publications vraiment personnalisées, utiles, et donc qui fonctionnent bien. J'ai retenu la leçon suivante : vous devez vraiment chercher la meilleure façon de présenter votre contenu à l'internaute, en utilisant toutes les ressources des réseaux sociaux.

La créativité exige du temps de repos

Il est impossible d'être créatif à la demande. Et si vous travaillez en continu toute la journée, vous n'aurez pas un seul moment pour laisser votre cerveau suffisamment libre pour trouver LA bonne idée.

S'il n'y a pas de recette miracle à la créativité, je vous conseille de vous accorder chaque jour un moment totalement libre. Mettez le travail de côté, et regardez ce que font les autres sur les réseaux sociaux. Inspirez-vous de ce qui fonctionne ailleurs, copiez, mais n'oubliez pas d'y mettre votre patte personnelle.

Exemple

Sur mon mur Facebook, j'ai observé la présence de nombreuses petites vidéos montrant des parties de jeux vidéo ou d'extraits de matchs de football. Jusque-là rien d'étonnant, car la vidéo est très populaire et permet d'obtenir un reach important. Je me suis alors demandé comment transposer cette bonne pratique aux comptes dont je m'occupe, en particulier pour la communauté des joueurs d'échecs. Euréka, il suffisait de réaliser le même type de vidéos, mais avec les meilleures parties du moment ! J'ai légèrement adapté la présentation et le format, mais cette transposition fonctionne très bien.

Si je m'étais contenté de faire mes tâches quotidiennes prévues, et si je ne lisais que des sites d'échecs proches du territoire de mon client, je n'aurais jamais vu ces vidéos. Alors flânez, les innovations sur la forme fleurissent partout. Il ne vous reste plus qu'à vous en inspirer et à les adapter selon les attentes spécifiques de vos lecteurs.

Vous pouvez même réaliser des listes Twitter et Facebook dans lesquelles figurent les comptes les plus inspirants.

Conclusion

Réunir en une seule personne ces sept vertus capitales ressemble à un vrai tour de force. Ce n'est d'ailleurs qu'un idéal théorique, vous n'êtes pas parfait, je ne le suis pas plus que vous, et vous allez commettre des erreurs. Alors comment faire pour au moins essayer ? La réponse est simple : aimer son métier.

Il faut une bonne dose de passion pour accepter de se remettre en cause en permanence, et accepter avec humilité ses erreurs.

Si vous n'aimez pas votre communauté, il sera impossible de faire preuve d'empathie vis-à-vis des membres qui la composent.

Même constat pour la sociabilité : s'intégrer à un groupe de personnes que l'on n'aime pas est une contrainte, là où il faut d'abord y prendre du plaisir.

Si vous n'aimez pas votre communauté, vous ne serez pas généreux avec elle.

Si vous n'aimez pas votre métier, vous ne chercherez pas à être vigilant pour obtenir les meilleurs résultats possibles.

Idem pour la minutie : personne n'est derrière votre épaule pour vous dire qu'il fallait ajouter un hashtag par-ci ou programmer un message par-là. Vous êtes souvent votre seul maître et seule la passion qui vous anime vous poussera à le faire.

Et pour finir l'audace : le fonctionnement de la plupart des entreprises ne pousse pas le salarié ou le prestataire à l'audace. On le paie pour réaliser des missions prévues, point barre. Et prendre des initiatives, proposer des idées innovantes, c'est bien souvent du travail supplémentaire pas forcément rémunéré ? Alors pourquoi être audacieux ?

Vous aimez les réseaux sociaux ? Cela ne signifie pas forcément que vous allez aimer votre travail. Tout dépend pour quoi vous travaillez, et avec qui.

Cela nous amène, en guise de conclusion, à une réflexion sur les transformations du monde du travail. Ce que l'on recherche désormais, c'est un travail qui n'est pas une corvée alimentaire, mais qui nous passionne. Tout simplement car c'est en aimant son travail que l'on réalise les meilleures choses. Pas besoin d'avoir un chef en permanence derrière soi lorsqu'on aime ce que l'on fait.

Le métier de community manager illustre parfaitement cette transformation. Et c'est une bonne chose, à condition que tout le monde en prenne conscience.

Annexe 1
Les outils du community manager

Voici quelques outils intéressants pour le CM. Ils permettent de mettre en œuvre les conseils présentés dans cet ouvrage. Cette liste n'est pas exhaustive, et au moment où vous la consulterez certains seront déjà de vieux souvenirs !

Le choix d'un outil est d'abord une affaire de nécessité (répondre à ses besoins et gagner du temps), puis une affaire de goût. À vous de les tester, et éventuellement faire le choix de les acheter si l'outil est payant.

Les outils avec lesquels je travaille sont indiqués avec un astérisque. Cela ne signifie pas forcément qu'ils vous plairont.

Les outils ne se limitent pas au strict community management, car je suis sûr qu'au quotidien votre rôle ne se limitera pas à poster des messages Facebook et à y répondre.

Ne multipliez pas inutilement les outils, limitez-vous à quelques-uns qui répondent à des besoins précis. Vous n'aurez jamais le temps d'utiliser toutes les fonctionnalités proposées par tous les outils disponibles, alors ne vous noyez pas. Le community management est d'abord un travail humain, et les outils doivent être à votre service et non l'inverse.

Analyse et statistiques

Statistiques réseaux sociaux

Google analytics* : http://www.google.com/analytics/ : statistiques de trafic Web. Google Analytics est bien connu des consultants en référencement naturel, mais il n'est pas à négliger pour le community manager. En effet, dans la rubrique Acquisition > Tout le trafic > Canaux, vous obtiendrez des éléments précis sur l'impact de vos réseaux sociaux sur le trafic web de votre site.

Twitter Analytics : https://analytics.Twitter.com/

Bit.ly* : https://app.bitly.com/ : à la base un raccourcisseur d'URL, mais qui fait aussi office de petit traqueur pour obtenir les statistiques de clics d'un lien.

Graphy Stories : http://www.graphystories.com/fr/ : analyse statistique des données des réseaux sociaux.

Reporting clefs en main

Tweet Reach : https://tweetreach.com/ : cet outil payant vous donne des rapports complets et clefs en main, ce qui est très pratique si vos clients sont sensibles aux statistiques. Vous gagnerez ainsi du temps, tout en offrant une présentation de qualité professionnelle. De plus, ce site permet d'obtenir en temps réel des données chiffrées sur l'impact de votre présence social media. Fonctionne pour Facebook, Twitter et Instagram.

Wiselytics : http://www.wiselytics.com/ : il existe une version gratuite qui permet de profiter de certains services, en particulier pour vos reportings Facebook.

Veille, curation et e-réputation

Veille

Netvibes* : http://www.netvibes.com/ : dashboard à coupler avec des Google Alerts afin de ne rater aucun article en lien avec votre secteur d'activité. Cet outil de veille est indispensable, mais vous pouvez le remplacer par n'importe quel autre lecteur de flux RSS.

Tweet Binder : https://www.tweetbinder.com/ : l'outil idéal pour travailler sur les hashtags Twitter et Instagram, que ce soit pour obtenir des statistiques détaillées, ou suivre les hashtags populaires.

Media Tool Kit : https://www.mediatoolkit.com/ : cet outil payant vous permet de surveiller votre réputation numérique, avec un système d'alerte dès que votre entreprise est mentionnée sur internet, y compris sur les réseaux sociaux.

SocialMention : http://www.socialmention.com/ : à partir d'un mot-clef, vous obtiendrez de nombreux articles de blog ou de message sur les forums, afin de vous apporter du contenu ou de surveiller votre marque.

Paperli : http://paper.li : j'aime beaucoup le système de curation de paper.li, qui vous envoie chaque jour un journal totalement sur-mesure, constitué d'articles en lien avec la thématique de votre choix.

Scoop.it* : http://www.scoop.it/ : la version gratuite de Scoop.it vous permet de vous abonner à des topics, qui sont autant de revues de presse constituées d'articles en ligne.

Il s'agit d'une excellente façon de se tenir informé des dernières nouveautés de votre secteur.

Feedly : http://feedly.com : tableau de bord bien pratique pour centraliser vos flux RSS, vos recherches sur les blogs et sites internet, ainsi que sur Twitter. Un outil comparable à NetVibes.

Mention : https://mention.com/fr/

Alerti* : https://fr.alerti.com/ : un excellent outil, qui permet de suivre en direct tous les messages publiés sur les réseaux sociaux à partir d'un mot-clef. Vous pouvez recevoir par mail les résultats les plus pertinents, ainsi qu'une notification de « pulse » lorsqu'un message fait le buzz. Enfin, vous pouvez transformer les messages en flux RSS, et donc les intégrer à votre lecteur préféré, comme NetVibes.

Optimiser sa présence sur les réseaux sociaux

Identification des influenceurs

FollowerWonk : https://moz.com/followerwonk/ : statistiques et recherche d'influenceurs Twitter. Les fonctionnalités gratuites sont basiques, mais peuvent être suffisantes si vous travaillez pour une petite entreprise.

BuzzSumo : http://buzzsumo.com/ : recherche d'influenceurs.

Commun.it : https://commun.it/ : statistiques et recherche d'influenceurs.

Identification des meilleurs hashtags pour Twitter

Hashtagify* : http://hashtagify.me/ : pour mener des recherches approfondies sur les hashtags, par exemple par langue, thème ou zone géographique. Cet outil vous propose aussi des hashtags en lien avec celui que vous proposez, ce qui permet d'identifier les bons mots-clefs à utiliser sur vos réseaux sociaux. L'outil est payant, mais vous pouvez le tester gratuitement pendant une semaine.

Tagsfinder : https://www.tagsfinder.com/fr-fr/ : alternative gratuite à hashtagify, Tagsfinder offre logiquement des possibilités beaucoup plus limitées. Ce site reste néanmoins une bonne source d'inspiration pour découvrir les bons hashtags à utiliser dans votre secteur.

All hashtags : https://www.all-hashtag.com/ : le principe reste le même, mais cette fois-ci spécifiquement pour Instagram.

Ritetag : https://ritetag.com/ : très proche de hashtagify.

Analyse de l'audience et heure de publication

Tweriod : http://www.tweriod.com/ : quand poster ?

Dynamiser sa présence sur les réseaux sociaux

SocialShaker* : http://www.socialshaker.com/ : jeux concours et applications Facebook pour dynamiser vos comptes sociaux.

Tableaux de bord pour gérer vos communautés

Hootsuite : https://hootsuite.com/fr/ : si vous gérez plusieurs comptes sociaux, sur différentes plateformes, il peut rapidement devenir difficile de vous y retrouver. Hootsuite réunit tous vos comptes en un seul et unique endroit, ce qui vous fera gagner du temps.

Agora Pulse : http://www.agorapulse.com/fr/ : l'alternative made in France à Hootsuite. Ses caractéristiques sont comparables, et entre les deux tout est question de goût.

Programmer ses messages

Tweetdeck* : https://tweetdeck.Twitter.com/ : indispensable pour Twitter car TweetDeck vous permet de programmer vos messages à l'avance. Mais ce n'est pas tout : vous pouvez construire un dashboard sur mesure, avec des recherches par hashtag, par utilisateur, ou encore afficher les messages de vos listes d'utilisateurs.

Creator studio : https://business.facebook.com/creatorstudio/ : ce nouvel outil permet de programmer des messages sur Facebook, mais aussi sur Instagram (ce qui n'était pas possible auparavant). Vous ne pourrez plus vous en passer, car en programmant vos messages, vous prendrez de l'avance et organiserez votre calendrier éditorial en amont. Plus besoin d'être en permanence derrière votre écran !

Création graphique et visuelle

Infographies

Piktochart* : https://magic.piktochart.com/ : réalisation d'infographies.

Infogr.am : https://infogr.am/ : réalisation d'infographies.

Easel.ly : https://www.easel.ly/ : réalisation d'infographies.

Visme : http://visme.co/ : réalisation d'infographies.

Images libres de droit

Visualhunt : https://visualhunt.com/ : images en licence gratuite.

UnSplash : https://unsplash.com/ : images en licence gratuite.

Flickr* : https://www.flickr.com/ : images en licence gratuite (sélectionnez les Creative commons dans le moteur de recherche).

Pixabay* : https://pixabay.com/fr/ : images en licence gratuite.

Pexels : https://www.pexels.com/ : images en licence gratuite.

FreeImages : http://fr.freeimages.com/ : images en licence gratuite.

Retouches et taille des visuels

Pixlr : https://pixlr.com : éditeur d'images et de visuels.

SproutSocial : http://sproutsocial.com/landscape : adapter la taille des visuels aux réseaux sociaux.

Befunky : https://www.befunky.com/ : éditeur d'images et de visuels.

Adobe Spark : https://spark.adobe.com/ : éditeur d'images et de visuels.

Canva : https://www.canva.com/ : s'il fallait choisir un seul outil de création d'images, je choisirais Canva sans aucune hésitation. Ce site facile à prendre en main permet de créer facilement des visuels adaptés aux différents formats des réseaux sociaux, y compris les stories désormais très populaires. La version payante vous permet d'aller encore plus loin, en particulier en transformant vos images en véritables animations.

Crello : https://crello.com/fr/ : comme Canva, Crello permet de créer des illustrations, avec une différence de taille : elles seront animées.

Rien ne remplace vraiment Photoshop ou son alter ego Gimp*. Ces logiciels, plus exigeants, demandent une véritable formation. L'apprentissage sera par conséquent plus long, mais les résultats seront au rendez-vous, car vous disposerez d'une liberté totale dans vos créations.

Vidéos/visuels animés

Le simple Windows Movie Maker qui n'est pas réservé aux films de mariage aux fondus d'un goût douteux.

Animoto : https://animoto.com/ : un véritable coup de cœur. Avec Animoto, vous réaliserez très simplement des vidéos percutantes. L'avantage est que ces vidéos comporteront toujours du texte. Or, cela est indispensable, car la plupart des internautes coupent le son des vidéos (ils les regardent sur leur smartphone dans des lieux publics). Les vidéos produites *via* animato sont donc idéales, car même sans le son vos fans pourront accéder au contenu écrit. Enfin, il est possible de réaliser des vidéos uniquement à partir d'images fixes, qui sont « dynamisées » par des effets de zoom. Vous pouvez par conséquent obtenir de belles réalisations avec seulement quelques photos, et donc sans avoir besoin des talents d'un vidéaste. Animoto est payant, mais je ne regrette pas de mettre la main à la poche.

Xsplit* : pour réaliser des vidéos à partir de captures d'écran + incrustation de visuels. Il n'est pas inutile d'apprendre à se servir d'Xsplit, car ce logiciel permet aussi de diffuser en direct des vidéos sur Facebook. Les possibilités sont énormes, car vos Facebook live pourront comporter des incrustations d'images, des captures d'écran ou même des vidéos. Ce mini-studio de télévision répondra donc à tous vos besoins.

Kizoa : http://www.kizoa.fr/ : réalisation de films en ligne.

PowToon* : https://www.powtoon.com/ : infographie animée.

Video Converter : http://video.online-convert.com/ : pour convertir vos fichiers vidéo au format utilisé par Facebook (mp4).

Slide Share : http://www.slideshare.net/ : présentations en ligne.

Prezi : https://prezi.com/ : création de présentations animées plus élaborées qu'un simple Powerpoint.

Magisto : https://www.magisto.com/ : présentations animées.

WeVideo : https://www.wevideo.com/ : montage vidéo.

Wideo : http://wideo.co/ : montage vidéo.

Autres outils pratiques

Quozio : http://quozio.com/ : mise en forme de citations.

Tagul.com : https://tagul.com/ : nuage de mots.

Pablo Buffer : https://pablo.buffer.com/ : un autre outil pour créer des visuels autour d'une citation.

GetEmoji : http://getemoji.com/ : emoticons pour Facebook et Twitter.

Piliapp* : https://fr.piliapp.com/ : emoticons pour Facebook et Twitter.

Secret Emoticons : http://www.secret-emoticons.com/ : emoticons pour Facebook et Twitter.

Outils d'écriture

Université de Caen* : http://www.crisco.unicaen.fr/des/ : le meilleur dictionnaire des synonymes.

Larousse : http://www.larousse.fr/ : le dictionnaire de référence.

Annexe 2

Livres et outils pour continuer à apprendre son métier

L'humilité, c'est aussi reconnaître que les autres peuvent savoir mieux que vous, et donc accepter d'apprendre. Les livres ont l'inconvénient de se démoder assez rapidement, car les réseaux sociaux sont en constante évolution. Néanmoins, les livres présentés, même anciens, permettent de mieux cerner les bonnes pratiques. En effet, ils présentent une réflexion générale sur le fonctionnement des réseaux sociaux. Ils apportent donc une réelle plus-value par rapport aux articles de blog, souvent très à jour, mais qui offrent moins de recul par rapport aux bonnes pratiques. Voici quelques conseils de lecture.

Les livres

Même si les community managers sont hyper-connectés et accrochés à leurs écrans, il y a beaucoup à apprendre avec de bons vieux livres ! La plupart sont un peu datés – quelques années seulement, mais sur Internet une année est une éternité. Ils offrent néanmoins des réflexions toujours valables aujourd'hui, à vous d'écarter le contenu obsolète avec les informations récentes collectées sur les sites et blogs.

Certains ouvrages ne concernent pas directement le community management, mais le marketing ou la communication digitale. Il est à mon avis très important de ne pas avoir une vision étroite de ce métier, car au quotidien vos tâches seront variées et les connaissances nécessaires très larges. Comment faire une bonne publicité Facebook lorsque l'on ignore tout du marketing ? C'est pourquoi ma bibliographie est élargie, afin de vous donner toutes les clefs dans votre travail.

Community management - Comment les marques se transforment au contact de leurs communautés, Matthieu Chereau, 2015 : certes, ce livre commence à dater (2015), mais je l'ai relu il y a peu et le contenu me semble toujours aussi pertinent. En effet, les fondamentaux du community management restent inchangés, et cet ouvrage offre une vraie réflexion sur la gestion des communautés. De nombreux encarts indiquent les bonnes pratiques, souvent illustrés d'exemples concrets.

500 Social Media Marketing Tips : Essential Advice, Hints and Strategy for Business : Facebook, Twitter, Pinterest, Google+, YouTube, Instagram, LinkedIn, and More !, Andrew Macarthy (2018) : sans aucune hésitation mon livre préféré, j'ai adoré le lire. Tout est dans le titre : 500 astuces pour vos réseaux sociaux, la plupart de bonne qualité. Seul bémol, le livre est en anglais, mais rassurez-vous ça reste très facile à comprendre. Le vocabulaire est limité et vous devriez vous en sortir.
La version papier date un peu, mais vous pouvez le télécharger au format eBook ou Kindle. L'ouvrage est régulièrement

mis à jour, ce qui garantit la fraîcheur des informations que vous y trouverez.
L'ouvrage m'a beaucoup aidé dans mon travail, et je me suis inspiré de cette démarche résolument concrète avec une volonté d'aider les autres.

Le Grand livre des réseaux sociaux, Samuel Bielka, 2020 : je n'aime pas beaucoup me faire de la publicité, mais je n'ai guère le choix ! En effet, cet ouvrage est le seul en langue française qui recense toutes les techniques utilisées par les professionnels sur les réseaux sociaux. L'approche y est orientée vers la pratique, avec de nombreux exemples illustrés par des captures d'écran. Il constitue donc le complément naturel au livre que vous tenez dans les mains, comme un second tome qui explique comment mettre en pratique les recommandations du présent ouvrage. Pour éviter que les techniques qui y figurent ne deviennent obsolètes, une page internet librement accessible apporte des mises à jour régulières.

La Boîte à outils du Community Manager, Clément Pellerin, 2017 : ouvrage récent qui fait le tour des outils, sites et logiciels qui peuvent servir aux community managers. Je vous conseille de regarder le sommaire et de voir si vous connaissez déjà les outils présentés. Si ce n'est pas le cas, lire le livre est une bonne idée car ces outils sont présentés en détail, ce qui en rend l'usage très facile.

Internet marketing 2019, Nicolas Deroualle et Laetitia Theodore : ce livre concerne le marketing, que fait-il dans cette bibliographie consacrée au community management ? Vous y trouverez trois choses :

- Des études de cas de campagnes digitales, dans lesquelles les community manager ont bien entendu un rôle à jouer.

Cela permet de retrouver une certaine imagination en s'inspirant de campagnes qui ont fonctionné, et de comprendre l'articulation entre le webmarketing et le community management.

- Une partie du livre concerne les médias sociaux et aborde à ce titre des éléments très importants pour le CM.
- Si le reste du livre ne vous concerne pas directement, il vous permet d'aborder l'ensemble des problématiques de l'entreprise 2.0, et à ce titre c'est un véritable plus pour le CM qui veut prendre un peu de hauteur et cerner le processus décisionnel global.

Communicator - Toutes les clés de la communication - 8e édition, Assaël Adary, Céline Mas, Marie-Hélène Westphalen : un livre qui peut sembler cher, mais cela s'explique par l'importance et la qualité de son contenu. Il s'agit de la bible de la communication ! Vous pourrez survoler certains chapitres qui n'ont pas de lien direct avec votre activité, mais l'ensemble permet vraiment de progresser et d'élargir son horizon. Le community management est un métier de la communication, comment bien s'en sortir sans connaître les autres aspects de la com' ? Cet ouvrage vous permettra à lui seul d'en balayer tous les aspects.

Mercator - Tout le marketing à l'ère numérique - 12e édition, Arnaud de Baynast, Jacques Lendrevie et Julien Lévy, 2017 : l'équivalent du Communicator, mais pour le marketing. Là encore, on n'y parle pas que du marketing digital, mais c'est à mon avis une lecture très enrichissante même pour un community manager. Les entreprises recherchent souvent des personnes qui ont de solides notions en marketing, et les enquêtes montrent que le CM est généralement rattaché au service marketing. Donc un vrai atout, et surtout une lecture agréable et stimulante.

Maîtriser Linkedin : Pour développer votre image professionnelle, votre business et l'influence de vos collaborateurs, Bruno Fridlansky, 2019 : cette nouvelle édition mise à jour reste la référence pour tirer profit de LinkedIn. L'approche de l'auteur, axée sur le contact direct, est stimulante car elle révèle une véritable réflexion sur la nature de ce réseau social. L'ouvrage fourmille d'astuces faciles à mettre en œuvre, et il constitue une boussole très pratique.

L'art des réseaux sociaux, Guy Kawasaki et Peg Fitzpatrick, 2015 : un petit guide bourré de bons conseils. Avec un ton faussement candide, les auteurs vous expliquent leurs (bonnes) pratiques sur les réseaux sociaux.

Le guide Instagram - Déployer une stratégie marketing gagnante pour booster son business sur Instagram, Aurélie Moulin, 2020 : Instagram est le réseau social à la mode, et il est devenu en quelques années incontournable. Je vous recommande la lecture de ce guide, qui présente de façon claire les meilleures façons de tirer profit d'Instagram et de ses nombreuses fonctionnalités. Les cas pratiques illustrent de façon convaincante les bonnes pratiques, que vous pourrez reproduire.

Du Community au Social Media Management - Stratégies gagnantes pour gérer une communauté et communiquer sur les réseaux sociaux, Didier Mazier, 2019 : un livre idéal pour découvrir le community management. Comme souvent dans la collection ENI, le livre est très didactique, bien illustré et les explications de l'auteur sont très claires. Toutes les connaissances de bases sont présentes, et c'est un bon point de départ pour construire une présence sur les réseaux sociaux et animer une communauté. Si le community manager averti n'y apprendra pas forcément beaucoup, c'est un excellent livre pour tous les autres. Vous pouvez prolonger votre lecture en suivant Didier Mazier sur Twitter.

Faire du marketing sur les réseaux sociaux, Mélanie Hossler, Olivier Murat, Alexandre Jouanne, 2014 : sans aucun doute LE livre que doivent lire les community managers et les étudiants. Ce livre commence à dater, mais vous y trouverez des fondamentaux encore valables de nos jours. Cet ouvrage est divisé en 12 modules, chacun abordant un point important du webmarketing : marketing viral, communication avec sa communauté, influence et relations blogueurs, etc. L'ouvrage traite de tous les sujets importants, de façon pointue tout en restant accessible. Ce n'est sans doute pas le premier livre à lire pour découvrir le community management, mais une fois familiarisé avec les concepts de base, jetez-vous sur ce livre qui va plus loin que les autres.
Vous me direz que ce n'est pas à proprement parler un livre sur le community management, car après tout le titre parle de webmarketing. Pourtant le community management est évoqué un peu partout, car il n'est pas traité comme une activité isolée, mais au contraire intégrée au webmarketing. De nombreuses logiques et mécaniques sont communes, et il est bien évident qu'il existe une complémentarité et des synergies entre les deux métiers. De nombreux employeurs cherchent un community manager ayant de connaissances en webmarketing, et ce n'est pas un hasard.
En résumé, une lecture enrichissante, qu'il faudra bien entendu mettre à jour avec des ouvrages plus récents.

Le storytelling pas à pas, Wilfrid Gerber, Jean-Christophe Pic et Alaina Voicu, 2013 : le storytelling est très à la mode, et aucun community manager n'y échappe. J'ai choisi de vous proposer ce petit livre qui commence par un rappel de ce qu'est le storytelling, en remontant à Aristote. Ne vous inquiétez pas, c'est expédié en 30 pages très synthétiques et faciles à lire. Ensuite l'ouvrage devient beaucoup plus concret, et il s'adresse directement aux différentes activités de l'entreprise : le business plan, le marque corporate, les relations presse, l'accompagnement du changement... En tant que community manager, certains chapitres semblent hors sujet, néanmoins ce panorama me semble très enrichissant.

Développez votre identité numérique, Christophe Blazquez et Samir Zamoum, 2013. Ce livre est double : d'une part il vous donne les clefs pour affirmer votre présence sur le Web 2.0 : faire un bilan professionnel 2.0, repérer et aborder les influenceurs, utiliser les nouveaux outils comme le CV numérique... Tout y passe, de façon pédagogique et détaillée. Vous verrez que le Web 2.0 regorge d'opportunités de carrière, à condition de maîtriser les codes et les outils indispensables, et d'éviter les bourdes. Une bonne initiation au personal branding.
D'autre part, le livre présente un regard croisé sur le Web 2.0, car Christophe Blazquez de la génération X et Samir Zamoum de la génération Y racontent leurs parcours, leurs expériences et leurs visions du Web. C'est un dialogue sympathique et plaisant à lire, même si cela ne va pas changer drastiquement votre vision du Web.
En résumé, un livre pas indispensable pour le community manager qui maîtrise déjà son image numérique ; cela n'en reste pas moins un livre que j'ai eu plaisir à lire.

Community management, Paul Cordina et David Fayon, 2013 : le guide idéal pour l'apprenti community manager. Chaque chapitre aborde un aspect particulier du métier (animer une communauté, mesurer la performance, etc.). Le livre contient en outre de nombreux éléments qui le distinguent des autres livres : des interviews de community manager qui traitent d'aspects spécifiques, des documents annexes qui présentent des documents fonctionnels pour le community manager, un annuaire des community managers. C'est sans doute le livre à lire après celui de Mazier qui est plus généraliste. Vous pouvez suivre Paul Cordina et David Fayon sur Twitter pour être tenu au courant de l'actualité du CM.

Community management, écrire sur les réseaux sociaux, François Meuleman, 2011 : si vous éprouvez des difficultés à vous exprimer sur les réseaux sociaux, ce livre peut vous aider. Il présente de nombreux exemples pratiques, ainsi que des techniques afin de capter l'attention de l'internaute, varier les registres de langage, provoquer des réactions, etc. C'est donc une compilation d'expressions Web 2.0, avec de nombreuses captures d'écran à l'appui. Il s'agit d'un livre tourné vers le Web non-marchand, dont est tiré l'essentiel des exemples, mais cela reste intéressant même si vous travaillez dans le secteur marchand, car de nombreux exemples sont transposables.
On peut néanmoins rester dubitatif sur la méthodologie surprenante de l'auteur qui s'appuie sur la « Méthode des Mondes », sans que j'y aie vu un réel intérêt si ce n'est d'embrouiller parfois les explications.

Apprendre en ligne

Là où les livres donnent une vision plus statique du métier, le contenu en ligne est plus dynamique et réactif aux dernières tendances et évolutions. Vous ne pouvez donc pas vous en passer. Voici comment ne pas se noyer dans le tsunami de contenus disponibles.

Sur les réseaux sociaux

Le community manager peut tout naturellement se tenir informé des évolutions de son métier sur... les réseaux sociaux bien sûr ! Le bon réflexe est de s'inscrire aux principaux groupes Facebook. Je pense en particulier au « Journal du Community manager » (https://www.Facebook.com/groups/journalducm/), qui est un lieu d'échanges parfois agité mais souvent utile. Vous pouvez y participer ou poser des questions, mêmes basiques.

Autres groupes intéressants :

https://www.facebook.com/groups/LeForumMyCM/

https://www.facebook.com/groups/veillesocialmedia/

https://wwwfacebook.com/groups/emploicm/ (pour la recherche d'emploi)

https://wwwfacebook.com/groups/cmenherbe/ (pour les community managers débutants)

La page Facebook MyCommunity manager est aussi une bonne source d'informations : https://www.facebook.com/CommunityManager.Pro/ N'oubliez pas, après avoir liké, de passer votre curseur sur « J'aime déjà » puis « Voir en premier » pour que les messages de la page s'affichent bien sur votre mur !

Twitter est aussi très utile, mais il serait fastidieux de recenser tous les comptes à suivre. Une simple recherche « community management » suffit à vous donner une bonne base de départ.

Avec des outils de veille et de curation

Le temps est la ressource qui manque le plus au community manager, et face aux nombreux articles de blogs publiés, voici ma méthode pour ne pas passer à côté.

Les flux RSS

D'une part, utilisez un agrégateur de flux RSS pour surveiller les publications des principaux sites et blogs. Sur desktop, je vous recommande NetVibes, et sur mon Smartphone Samsung j'utilise Flym (mais vous n'avez que l'embarras du choix). Ajoutez-y ensuite les flux RSS des sites en question.

Sur mon téléphone, j'ai par exemple ajouté les flux du site Presse Citron (http://www.presse-citron.net/), le blog du modérateur (http://www.blogdumoderateur.com/) et du petit digital (http://www.leptidigital.fr/). C'est amplement suffisant à mon goût, car je récupère quotidiennement plus de dix articles orientés réseaux sociaux et Web 2.0. Ne multipliez pas les sources car les articles sont souvent redondants.

Scoop.it

Il existe plusieurs outils de curation de contenu, mais mon préféré reste (http://www.scoop.it/). Une fois votre compte créé, il ne vous reste plus qu'à vous abonner à des topics en lien avec le community management, comme le mien (http://www.scoop.it/t/bielka).

Mes conseils pour bien utiliser scoop.it :

Tournez-vous vers les topics en anglais qui sont souvent à la pointe des nouvelles tendances, et proposent un contenu moins réchauffé que le contenu francophone ; ne perdez pas votre temps avec les sujets trop généraux ou déjà publiés à de nombreuses reprises. La stratégie de contenu pousse de beaucoup de sites et blogueurs à publier toujours la même chose (« à quelle heure poster sur les réseaux sociaux ? » ou « les ambassadeurs, un atout pour votre marque »).

Ne vous limitez pas au strict community management, mais ajoutez des topics sur le marketing digital ou la communication numérique. Cela permettra d'élargir votre horizon.

Glossaire

Ambassadeur : internaute particulièrement actif sur vos réseaux sociaux. L'ambassadeur, parce qu'il aime votre entreprise ou le contenu publié, sera particulièrement actif et prêt à prendre la défense de votre entreprise. Il faut l'identifier et le chouchouter, car il diffuse la bonne parole et relaie votre communication.

Avatar : personnage qui représente un utilisateur sur Internet. Désigne aussi la photo de profil sur les réseaux sociaux.

Buzz : message qui se diffuse de façon virale grâce aux nombreux partages sur les réseaux sociaux.

Community manager (CM) : ou gestionnaire de communautés. Ce terme désigne la personne chargée d'animer les communautés sur les réseaux sociaux. Il publie des messages et participe aux discussions avec les internautes.

Cover : image de couverture qui illustre vos comptes sur les réseaux sociaux.

CTA : call to action. Tout ce qui incite l'internaute à agir est un CTA : formulaire d'inscription, une newsletter, lien vers votre site Web, ajout d'un produit au panier, partage d'un message sur Facebook...

Dashboard : tableau de bord qui compile des informations. On parle par exemple d'un dashboard pour désigner les outils qui permettent de regrouper l'ensemble de vos flux RSS.

Démarche conversationnelle : nouvelle façon de communiquer, née avec les réseaux sociaux. Alors que l'approche top-down (du haut vers le bas) était caractérisée par une communication à sens unique de l'entreprise vers le client, la démarche conversationnelle est marquée par des échanges dans les deux sens. Le client s'exprime, parfois même discute avec la marque. Il abandonne par conséquent l'attitude passive d'antan pour devenir un acteur capable d'interagir presque d'égal à égal avec les entreprises.

FAQ : acronyme pour frequently asked questions, traduit en français par « foire aux questions ». Une FAQ reprend toutes les questions fréquemment posées par les internautes, afin de leur offrir une réponse claire et centralisée.

Feed-back : « retour » en français. Toute remarque d'un internaute sur vos produits ou sur vos messages publiés sur les réseaux sociaux est un feed-back, un retour qu'il faut analyser et exploiter pour faire mieux à l'avenir.

Hashtag : mot-clé, qui commence par #. Il permet de classer facilement le contenu sur les réseaux sociaux, et de trouver les messages en lien avec le sujet. Les hashtags sont très utilisés sur Twitter et Instagram, mais beaucoup moins sur Facebook. Si vous n'aimez pas les anglicismes, vous pouvez l'appeler mot-dièse, mais on risque alors de ne pas vous comprendre !

KPI : key performance indicators, ou indicateurs clés de performance. Il peut s'agir du nombre de followers, du taux d'engagement, du nombre de clics vers votre site Web... À vous de définir les KPI pertinents en fonction de votre stratégie sur les réseaux sociaux.

Landing page : page d'atterrissage, sur laquelle est renvoyé l'internaute lorsqu'il clique sur votre lien. Il est essentiel de mettre en place des landing pages cohérentes avec l'intitulé de votre lien.

MP/DM : abréviations de message privé ou direct message en anglais. Les réseaux sociaux permettent de s'envoyer des messages qui ne sont pas publiés publiquement.

Newsjacking : fait d'utiliser un événement populaire de l'actualité pour générer de l'engagement et de la viralité sur les réseaux sociaux. Cette technique permet d'augmenter la visibilité de ses publications sans dépenser beaucoup d'argent, même s'il faut parfois avoir de l'imagination pour rattacher son contenu à l'événement en question.

Portée : nombre de personnes ayant vu votre publication. On distingue la portée organique, obtenue sans faire de publicité, et la portée publicitaire. Sur Facebook, seule une petite partie de vos fans verront vos messages : un bon community manager doit donc publier des messages attractifs afin d'obtenir une bonne portée. Plus vos publications génèrent d'engagement (likes, commentaires et partages), plus votre portée sera élevée.

Reach : synonyme de portée.

Reporting : document qui permet de rendre compte des performances, généralement à son supérieur. Sur les réseaux sociaux, le reporting regroupe l'ensemble des données qui permettent d'évaluer l'efficacité des publications, et en particulier les KPI.

Responsive design : site Web qui s'adapte automatiquement à la taille de l'écran. Le responsive design est essentiel, car désormais les internautes n'utilisent plus seulement des ordinateurs, mais aussi des tablettes et des Smartphones. La qualité d'affichage d'un site Web doit être garantie, quels que soient les usages.

Retweet (RT) : partage d'un message sur Twitter. Principal indicateur de la viralité d'un Tweet, car ce partage permet de toucher des personnes qui ne suivent pas le compte émetteur.

RSS : Really Simple Syndication. Fichier qui permet de récupérer automatiquement une partie d'un article publié sur internet, et donc d'être prévenu de la mise à jour d'un site. L'utilisation des flux RSS simplifie beaucoup le travail de veille, car il évite d'aller quotidiennement sur tous les sites pour vérifier si du contenu a été mis en ligne.

SAV : service après-vente. Le SAV est chargé d'aider les clients à utiliser les produits, ou à les réparer en cas de dysfonctionnement. Avec la montée en puissance des réseaux sociaux, ce service après-vente passe de plus en plus par Twitter, réseau sur lequel les internautes posent leurs questions et attendent des réponses rapides.

Spam : publication indésirable et souvent non sollicitée. Si un spam est d'abord un mail commercial envoyé sans le consentement du destinataire, ce terme convient très bien aux messages de mauvaise qualité à répétition publiés sur les réseaux sociaux.

Storytelling : procédé narratif qui consiste à raconter une histoire, afin de mieux faire passer son message. Plutôt que de mettre en avant des éléments purement factuels, le storytelling préfère enrober le message d'histoires pour jouer sur le registre affectif. Attention à raconter une histoire, mais pas des histoires ! Le storytelling qui repose sur des mensonges risque de s'effondrer, les internautes étant adeptes du fact-checking (vérification des faits).

Tag : « mention » en français. En taguant un utilisateur dans votre message, celui-ci recevra directement une notification.

Top-down : ou approche descendante. Le message émane de l'entreprise, et le client se contente de le recevoir de façon passive. Avec les réseaux sociaux, le top-down est mort : tant mieux !

Troll : internaute dont le principal objectif est de créer des polémiques, par la provocation. Il évoque souvent des sujets sensibles, de façon peu subtile, afin d'enflammer la toile de réactions outrées. Son seul but est de semer la zizanie.

Twittos : nom donné aux utilisateurs de Twitter.

Unsubscribes : désinscription. Désigne le fait qu'un de vos followers sur Twitter ou qu'un de vos fans sur Facebook décide de ne plus suivre votre compte. Sur Facebook, on parle aussi d'unlike.

Samuel BIELKA est diplômé de Sciences Po et agrégé d'histoire. Il a enseigné en lycée et dans le supérieur, avant de devenir community manager freelance après avoir achevé la formation de community management de l'EMWeb.

Désormais chargé de communication numérique spécialiste des réseaux sociaux, il accompagne les entreprises qui souhaitent mettre en place une stratégie de communication sur le Web.

Depuis 2014, il a ainsi travaillé sur des opérations événementielles d'envergures pour de grandes entreprises comme sur du suivi et de l'animation à long terme de communautés, notamment pour la Fédération française d'échecs.

Son expérience sur les réseaux sociaux s'étend à de nombreux secteurs d'activité (presse, assurances, fédération sportive, maison de champagne, collection de livres électronique) et à tous les supports Web : blog, sites, forums, et bien sûr, il connaît les réseaux sociaux comme sa poche : Facebook, Twitter, LinkedIn, Pinterest…

Site internet : https://votrecm.com/
Twitter : https://twitter.com/SamuelBielka
LinkedIn : https://www.linkedin.com/in/samuel-bielka/

IMPRIM'VERT®

Prépresse : GERESO Édition 2021

Achevé d'imprimer par IsiPrint - 93120 La Courneuve en mai 2022
N° d'impression : 164958 - Dépôt légal : Janvier 2021 - *Imprimé en France*